Beverley und Robert Schinke

Erfolgreicher Reiten
mit mentalem Training

EDITION*pferd*

Beverley und Robert Schinke

Erfolgreicher Reiten mit mentalem Training

Praktische Anleitungen ▪ Konzentrationsübungen ▪
Entwicklung mentaler Fähigkeiten

Aus dem Englischen übersetzt von Silke Hoffmann
Illustriert von Jeanne Kloepfer

FNverlag
*der Deutschen
Reiterlichen Vereinigung
GmbH*

Die Deutsche Bibliothek – CIP-Einheitsaufnahme

Schinke, Beverly:
Erfolgreicher reiten mit mentalem Training; praktische Anleitungen,
Konzentrationsübungen, Entwicklung mentaler Fähigkeiten / Beverly und Robert
Schinke. Aus dem Engl. übers. von Silke Hoffmann. Ill. von Jeanne Kloepfer. -
Warendorf: FN-Verl. der Dt. Reiterlichen Vereinigung, 1999
(Edition Pferd)
Einheitssacht.: Focused Riding <dt.>
ISBN 3-88542-339-1

Aus dem Englischen übersetzt von Silke Hoffmann.
Titel der Originalausgabe „Focused Riding".
Text © Robert und Beverley Schinke 1997;
erschienen im Verlag Compass Equestrian Limited, London.
ISBN 1-900667-56-8

Für die deutschsprachige Ausgabe:

© 1999 **FN**_verlag_ der Deutschen Reiterlichen Vereinigung, Warendorf.
Alle Rechte vorbehalten.
Nachdruck oder sonstige Vervielfältigungen, auch auszugsweise, nur
mit schriftlicher Genehmigung des Verlages.

Ins Deutsche übersetzt: Silke Hoffmann, Nettetal

Lektorat: Susanne Miesner, Warendorf

Fotos: Umschlag und Seiten 18, 47, 55, 94, 117, 120 u. 123 von
  Jacques Toffi, Hamburg; Seite 107 Jean Christen, Mannheim

Illustrationen: Umschlag und Seiten 10, 12, 13, 16, 17, 21, 24, 31, 33,
  42, 45, 59, 65, 73, 81, 87, 101, 105, 111 u. 119 Jeanne Kloepfer,
  Heidelberg

Lithographie: Scanlight, Marienfeld

Gesamtgestaltung: mf graphics, Marianne Fietzeck, Gütersloh

Digitale Bogenmontage, Druck und Verarbeitung:
  MediaPrint, Paderborn

ISBN 3-88542-339-1

Inhalt

Verzeichnis der Abbildungen

Problemsuche

Wir befassen uns in diesem Buch mit den der Reihe nach erklärten besonderen geistigen Fertigkeiten, wobei jedes Thema auf dem vorangegangenen aufbaut. Deshalb sollte das Buch Kapitel für Kapitel gelesen werden. Wir sind uns bewußt, daß sich viele Menschen an die Sportpsychologie wenden, weil sie sich mit einem speziellen Problem befassen wollen. Es folgt nun eine Liste von Problemen, wegen derer wir oft zu Rate gezogen werden. Jedes davon enthält den Hinweis auf ein Kapitel, um zu zeigen, daß dieses Buch helfen kann, falls eines dieser Probleme auftaucht.

Problem	Kapitel
Wie kann ich mich mit unbekannten Herausforderungen vertraut machen?	2
Wie kann ich Sicherheit in den Dingen erlangen, die ich gerne tun möchte?	2 und 6
Ich springe gerne, aber ich habe Angst vor neuen Hindernissen.	6 und 9
Ich habe Turnierangst.	5–Entspannung
Gibt es schnelle Methoden zur Entspannung?	5
Wie kann ich meinem Pferd helfen, sich zu entspannen?	5 und 8
Ich langweile mich auf Turnieren.	5–Aktivierung
Ich lasse mich leicht ablenken.	4
Ich bin gestreßt. Hilfe!	4, 5 und 8
Ich stehe ständig unter Zeitdruck. Wie kann ich meine Zeit besser einteilen?	8
Wie entwickle ich für mich selbst eine bessere Turnierplanung?	7
Wie schaffe ich es, daß andere an mich glauben?	8
Wie erlerne ich neue Fertigkeiten?	6
Wie kann ich eine optimale Helfermannschaft aufbauen?	7
Wie kann ich erkennen, daß ich mein volles Potential erreicht habe?	3 und 9

Widmung

Für
Wolfgang Schinke,
der uns an seinem Traum teilhaben ließ
und der sein Leben der Realisierung dieses Traumes widmete.

In Liebe
Robert und Beverley Schinke

Danksagung

Wir möchten allen Reitschülern und Reitlehrern danken,
mit denen wir in Verbindung stehen.
Außerdem möchten wir verschiedenen Menschen für
ihre Freundschaft und ihre Unterstützung
während der ganzen Jahre danken.
Ihre Hilfe war von unschätzbarem Wert:
Denny Emerson, Kate Green, Jim Henry, Bertie Hill,
Jack LeGoff, Ian Millar, Sue Ockendon, Mark Phillips,
Ole Sorensen und Cara Whitham.
Wir möchten auch unseren geistigen Mentoren danken:
Dr. Jean-Marie Beniskos, Dr. Ann Hall, Dr. Terry Orlick,
Dr. Wendy Rodgers und Dr. John Salmela.

Besonders danken wir auch Herrn Dr. Ludwig Christmann
vom Verband hannoverscher Warmblutzüchter e.V.,
der sich für die Übersetzung der englischsprachigen
Ausgabe ins Deutsche sowie die Veröffentlichung
im FNverlag der Deutschen Reiterlichen Vereinigung
eingesetzt hat.

Ein abschließender Dank gilt den vier
Generationen unserer Familie,
die unsere Liebe zu den Pferden und zum Reiten teilen.

Vorwort

Jeder Mensch hat seine eigenen Ziele, die er durchs Reiten verwirklichen möchte. Einige wollen die Grundlagen erlernen, so daß sie schließlich ruhige Ritte in der freien Natur unternehmen können. Andere nehmen regelmäßig Reitunterricht, um die Kunst der Dressur und des Springens zu erlernen, und diese sind es auch, die sich mit anderen Reitern messen wollen. Ungeachtet der Zielsetzung des Reiters ist eine Planung notwendig. Die Dinge geschehen nicht einfach so – ob wir uns dessen bewußt sind oder nicht.
Die Sportpsychologie liefert uns verschiedene Werkzeuge, die notwendig sind, um unsere gesetzten Ziele zu erreichen.

Hier ist nun eine Auswahl an Fragen, die sich Reiter häufig stellen:
- *Was möchte ich mit diesem Ritt erreichen?*
- *Wie kann ich mein Selbstvertrauen steigern?*
- *Wie kann ich meine Konzentrationstechniken während des Trainings und auf dem Turnier verbessern?*
- *Welche Möglichkeiten habe ich, Fortschritte zu erkennen?*
- *Wie kann ich mein Potential beständig nutzen?*

Dieses Buch bietet Trainingsmethoden, die helfen sollen, mit diesen und anderen Fragen klarzukommen.

Wenn man jung ist, praktiziert man unbewußt einige dieser Techniken. Zum Beispiel wurde manch einer von uns als Schulkind für Tagträumereien bestraft. Andere hatten Visionen von sich selbst, wie sie in der Zukunft unmögliche Dinge erreichen. Wieder andere wurden als übertrieben selbstbewußt bezeichnet. In unserer Kindheit hatten wir die natürliche Fähigkeit, uns etwas vorzustellen und an uns selbst zu glauben. Einige dieser Verhaltensweisen wurden allerdings als unangebracht angesehen, und so legten wir viele dieser Fähigkeiten mit zunehmendem Alter ab. Heute aber würde man sich wünschen, diese Fähigkeiten wiederzuerlangen, um sie zur Leistungssteigerung zu nutzen.
Auf diese Begabungen, die für uns als Kinder ganz natürlich waren, bezieht man sich heute in der „sportpsychologischen Methodologie". Wenn wir solche Vorgehensweisen erlernen und diese Begabungen anwenden, werden sie immer weniger zu zufälligem Verhalten aus der Kindheit und werden zu Werkzeugen, die uns befähigen, die Beherrschung über uns und über unseren Sport zu erlangen.
Jede erlernte Technik ist ein Werkzeug für unser Handwerk, und weil wir uns damit weitere Fähigkeiten aneignen, werden sie zu Teilen

unserer sportpsychologischen Werkzeugkiste. Eine Werkzeugkiste ist ein handlicher Gegenstand, der mit Werkzeugen gefüllt ist, die das Leben einfacher machen. Je vertrauter wir mit dem Inhalt werden, um so geschickter werden wir auch im Ungang damit. Unsere ersten Versuche mögen ungeschickt sein, manchmal nehmen wir vielleicht das falsche Werkzeug zur Hand, aber im Laufe der Zeit und mit etwas Übung werden wir den Nutzen eines jeden Teiles erkennen. Und genauso ist es mit den sportpsychologischen Methoden. Manche scheinen zu leicht, um wahr zu sein, andere wiederum scheinen zu schwierig, um sie zu begreifen.

Genau wie bei anderen Fertigkeiten fühlen wir uns am Anfang mit den meisten Werkzeugen nicht so wohl, wir sind ungeschickt.

Warum fühlen wir uns heute mit den Dingen so unwohl, die für uns als Kinder ganz natürlich waren?

Die Antwort ist einfach: Weil es um ungewohnte Fertigkeiten geht und wir uns damit in ungewohntem Rahmen beschäftigen.

Mit etwas Übung werden die Fertigkeiten, die wir schon verloren geglaubt hatten, zu wertvollen Werkzeugen bei unserer reiterlichen Arbeit.

An dieser Stelle möchten wir betonen, wie wichtig Übung ist. Nach unserer Erfahrung wenden viele Menschen sportpsychologische Übungen nur phasenweise an. Um aber von großem Nutzen zu sein, müssen die Strategien auf einer täglichen Basis über einen gewissen Zeitraum hinweg entwickelt und verfeinert werden.

In diesem Buch erklärt jedes Kapitel eine spezielle mentale Fertigkeit im Detail und liefert zudem eine Anzahl von Aufgaben, die Fragen aufwerfen und Tätigkeiten vorschlagen, die wichtig zum Erwerb dieser Fertigkeiten sind. Der Zweck dieser Aufgaben ist es, den Leser zu veranlassen, intensiv über die angesprochenen Ideen nachzudenken und zudem einen praktischen Rahmen zu liefern, in dem diese Ideen in das Repertoire der reiterlichen Fertigkeiten integriert werden können.

Unser Vorschlag ist es, den angesprochenen Problemen ernsthafte Aufmerksamkeit zu schenken, die eigenen Antworten festzuhalten und sich beim Streben nach seinen reiterlichen Zielen an diese Notizen zu halten. Es ist unser dringlichster Wunsch, daß sich das Buch beim Streben nach Können und bei der Freude am Reiten als hilfreich erweist.

Wir freuen uns, daß wir die Möglichkeit haben, einige Ideen mit dem Leser zu teilen und laden zu einer spannenden Reise ein.

Der Beginn

Ein Reise von 1000 Meilen
beginnt mit einem Schritt

Tao Te Ching Nr. 64

Wenn wir an vergangene Ritte zurückdenken, stellen wir fest, daß einige leicht und einfach waren, andere wiederum waren schwierig und wirkten mechanisch. Interessant ist es zu sehen, daß beide Empfindungen wahrscheinlich bei derselben Pferd-Reiter-Kombination im Verlauf ihrer Partnerschaft auftauchten. Meistens ist es unser Ziel, unsere allerbesten Ritte zu wiederholen und weniger erfolgreiche Versuche zu vermeiden.

Wenn sich die Partnerschaft zwischen Reiter und Pferd immer mehr festigt, stellen wir fest, daß sich die positiven Ritte einfach wiederholen lassen, die negativen sind leichter zu vermeiden. Allerdings brauchen wir, um diese Ziele zu erreichen, einen durchorganisierten Plan, in dem persönliche Emotionen und mentale Strategien eine große Rolle spielen.

Ein guter Reiter zu werden erfordert im wesentlichen die richtige Balance zwischen technischem Fachwissen und Anwendung des kinetischen Sinnes, damit aus Pferd und Reiter eine Einheit wird. (*Der kinetische Sinn bestimmt das Bewußtsein für unseren eigenen Körper und den unseres Pferdes, oft wird er als „Gefühl" bezeichnet. Im wesentlichen ist es ein physischer Sinn, das Ergebnis von Signalen, die von winzigen Nervenkörpern als Antwort auf Bewegungen unserer Gelenke und Muskelenden gesendet werden. Dieser Sinn als Ganzes befähigt uns dazu, daß wir unterbewußt immer wissen, wo unsere einzelnen Körperteile im Verhältnis zueinander sind. Da unsere Emotionen und unsere mentalen Vorstellungen physische Auswirkungen auf unseren Körper haben können, können sie folglich auch unseren kinetischen Sinn beeinflussen und ebenso den unseres Pferdes.*)

Die Sportpsychologie befähigt uns dazu, unsere mentalen Prozesse und Emotionen mit unseren körperlichen Möglichkeiten zu verbinden, so daß wir unser eigenes Ich positiv beeinflussen können und das mit optimalem Effekt. Geist, Körper und Seele gemeinsam helfen uns, das angestrebte Potential in dem von uns gewählten Sport zu erreichen. Einfach ausgedrückt ist die Sportpsychologie ein Satz von Werkzeugen, der, in unser tägliches Leben integriert, uns hilft, unsere Möglichkeiten beständig wahrzunehmen.

Was sind die Einzelbestandteile der Sportpsychologie? Um erfolgreich zu sein, müssen wir folgendes entwickeln:
- *Einen mentalen Plan, der klare realistische Ziele beinhaltet;*
- *eine positive Idee von der Ausführung;*
- *konzentrierte Aufmerksamkeit;*
- *ein optimales Gleichgewicht zwischen Aktivierung und Entspannung;*
- *einen ausgeglichenen Lebensstil;*

und schlußendlich die Möglichkeit, dies alles in einem funktionierenden System zu kombinieren.

Reiter fragen oft, ob diese sportpsychologischen Fertigkeiten die Effizienz steigern. Die Antwort ist, daß nur wenige Sportarten so viel mentale Strategie erfordern wie das Reiten. Reiten ist vor allem ein interaktiver Sport zwischen zwei einzigartigen Wesen – dem Reiter und dem Pferd. Unsere Kommunikation mit dem Pferd geschieht durch körperliche Signale und durch gesprochene Worte. Wenn wir dem Pferd eine Aufgabe stellen, tun wir das sehr sorgfältig, um unsere Bedürfnisse mitzuteilen, ohne unserem Partner zu schaden. Ein Gewinnerteam, sei es in der Freizeit oder auf dem Turnier, entsteht nur durch die Harmonie, die wir Partnerschaft nennen. Wenn Pferd und Reiter das Beste leisten, ist das das Ergebnis einer gemeinsamen Vorstellung (das bedeutet, das Pferd erfreut sich an dem, was es tun soll), dem richtigen Level an Energie und einem geregelten mentalen Vorgehen. Tatsächlich sind diese Faktoren die Kennzeichen einer erfolgreichen Pferd-Reiter-Kombination.
Auf der Ebene der Erholung richtet sich diese Strategie auf das Reiten zum Zweck der Freude und der Entspannung. Für Turnierteilnehmer bleibt die Strategie auf die Leistungssteigerung gerichtet mit dem zusätzlichen Ziel, auf Turnieren erfolgreich zu sein.
Interessanterweise gebrauchen beide Gruppen ähnliche Strategien, um ihr Reiten zu verbessern – und die, die am zufriedensten mit ihren reiterlichen Bestrebungen sind (welche auch immer das sein mögen), scheinen verstanden zu haben, inwieweit ihr Reiten sich verbessert hat. Sie haben eine klare Vorstellung davon, was als nächstes kommt und wie sie dies erreichen können. Darüber hinaus wissen die erfolgreichsten Reiter, wie sie das Beste aus sich und dem Tier zu einer bestimmten Zeit herausholen, um ihre Ziele zu verwirklichen. Diese Fähigkeit entwickelt sich aus dem persönlichen Bewußtsein und aus vorausgegangenen Erfahrungen.

Definition: mentale Strategien

Bevor wir die verschiedenen mentalen Strategien im Detail in den folgenden Kapiteln erörtern, möchten wir den Reiter mit Definitionen und grundlegendem Verständnis für die einzelnen Strategien versorgen.

Zielsetzung
Die Zielsetzung ist der Bezugspunkt, an dem sich alle anderen Bestandteile des mentalen Trainings orientieren. Ziele sind ganz einfach

die Dinge, die wir in allen Bereichen unseres Lebens erreichen wollen, sei es in der Reiterei, im Arbeitsleben, in der Schule oder in persönlichen Angelegenheiten. Wenn wir reiten, kann das Ziel sein, uns nach einem Tag im Büro zu belohnen, unsere körperliche Fitness zu verbessern, eine spezielle Fertigkeit/Lektion beim Reiten zu erlernen oder eine olympische Medaille zu gewinnen. Jedes dieser speziellen Ziele wählen wir als Individuen. Langfristige Ziele helfen uns, die Richtung festzulegen, in die sich unsere Reiterei entwickeln kann. Kurzfristige Ziele sind Methoden, mit denen wir den Fortschritt in bezug auf unsere langfristigen Ziele kontrollieren. Zum Beispiel können junge Reiter im Turniersport das Ziel haben, in vier Jahren erfolgreiche Mitglieder eines Senior-Nationalteams zu werden. Um dieses langfristige Ziel zu erreichen, können sie an Turnierprüfungen teilnehmen, um zu sehen, wie sie gegenüber anderen ehrgeizigen Wettkämpfern abschneiden. Dies bringt dann ein klares Verständnis dafür, welche Verbesserungen notwendig sind. Das Erkennen von Zwischenzielen führt sie näher an die langfristigen Ziele heran. Wenn die ergebnisorientierten Ziele einmal ausgewählt sind, ist der nächste Schritt, die Fertigkeiten und Techniken zu bestimmen, die entwickelt und verfeinert werden müssen, um die angestrebten Ziele zu erreichen. Diese Ziele werden als verfahrensorientiert bezeichnet. Durch die Kombination von ergebnis- und verfahrensorientierten Zielen erreichen wir unsere Träume.

Metaphorik (bildliche Vorstellung)

Wenn die Ziele einmal erkannt sind, ist der nächste logische Schritt, damit zu beginnen, jedes Ziel vor seinem geistigen Auge zu betrachten, als wenn es real wäre. Dieser Prozeß wird als Metaphorik oder mentale Übung bezeichnet und ist die wahrscheinlich am häufigsten gelehrte sportpsychologische Übung. Auf der höchsten Ebene bezieht die Metaphorik vier unserer Sinne mit ein (sehen, fühlen, hören und schmecken), um ein lebendiges und exaktes Bild der momentanen reiterlichen Erfahrung herzustellen. Die Zielsetzung der Metaphorik variiert zwischem dem Liefern einer positiven Führung in Richtung kurz- und langfristiger Leistungsziele und dem Entwickeln und Aufrechterhalten des Selbstvertrauens für die bevorstehenden Aufgaben. Ein Anfänger zum Beispiel, der sich zum erstenmal nach draußen wagt, wird versuchen sich den Ritt vorzustellen, bevor er ihn beginnt. Indem er das tut, bestätigt sich der Reiter selber, daß er in der Lage ist, draußen zu reiten, er macht sich mental mit der Erfahrung vertraut. So wird ihm die tatsächliche Erfahrung vertraut, bevor sie stattfindet.

Entspannungsmöglichkeiten

Bestimmte Übungen kann man nutzen, um mental von Ärger, Nervosität oder übertriebener Ernsthaftigkeit zu einer klareren und angenehmeren Denkweise zu gelangen. Der Reiter hat vielleicht schon einmal von Atemübungen oder fortschreitender Muskelentspannung gehört. Dies sind zwei von zahlreichen Entspannungsübungen, die man nutzen kann, um die Nerven zu beruhigen und sich zu konzentrieren. Andere Entspannungsübungen sind Aktivitäten, die positive Energien schaffen, wie zum Beispiel das Hören sanfter Musik, Meditation, kurze Ruhepausen, wenn man sie braucht oder das Engagieren in Aktivitäten mit der Familie oder Freunden, also Aktivitäten, die dazu beitragen, daß der Reiter sich fitter fühlt und positive Gedanken verstärkt werden.

Aktivierungsniveau

Es gibt unterschiedliche Energiegrade bei unserer Arbeit. Einige von uns sind immer ruhig und gelassen, andere sind äußerst aufgeregt und manchmal auch hyperaktiv. Durch die Anwendung der richtigen sportpsychologischen Techniken finden wir heraus, welches Aktivierungsniveau für uns und unser Pferd in den einzelnen Disziplinen und für unsere reiterlichen Ziele am besten ist. Zum Beispiel sollten Freizeitreiter, die einen entspannenden Ritt in der freien Natur unternehmen wollen, ihren Energiegrad senken, bevor sie ihren Ritt beginnen. Wenn der Reiter den richtigen Energiegrad erreicht, wird der Ritt zu einem ruhigen, angenehmen und erfreulichen Erlebnis. Es ist wichtig für uns zu verstehen, daß wir alle die Fähigkeiten haben, unseren Energiegrad für jeden sportlichen Rahmen und jede Disziplin zu steigern oder zu senken.

Konzentrationsfähigkeit

Die Fähigkeit, unsere Gedanken auf ein bestimmtes Ziel zu richten, steht im Mittelpunkt bei der Entwicklung eines mentalen (Übungs-) Programmes. Übungen oder Aufgaben zur Zielrichtung helfen demjenigen, der sie anwendet, um sich auf die Vorbereitung vor jedem Ritt zu konzentrieren.

Ein Beispiel für zielgerichtete Konzentration ist es, ein geeignetes Stichwort auszuwählen, um die Aufmerksamkeit von einer weitgestreuten Flutlichtperspektive hin zu einer konzentrierten Scheinwerferlichtorientierung zu bringen. Für einige Reiter sind die Worte „Mittelpunkt" und „hier" bereits ausreichend, um sich wieder auf die momentane Aufgabe zu konzentrieren.

Andere Methoden zur Verbesserung der Konzentration beinhalten absichtliche Ablenkungen während des Reitens und das Erarbeiten von Strategien, um damit fertig zu werden. Die tatsächlich anzuwendenden Konzentrationsübungen variieren, abhängig von der einzelnen Person, dem Bereich des Reitens (z. B. Springen oder Dressur), dem Pferd und dem sportlichen Rahmen.

Turniervorbereitende Strategien

Dies sind formalisierte Planungen, wie der Reiter einzelne Situationen einstufen, sich darauf vorbereiten und Höchstleistungen erreichen kann. Einige Bestandteile der turniervorbereitenden Strategien für den Turnierreiter beinhalten das Simulieren der jeweiligen Disziplin mit einer einzelnen Dressurlektion oder einem einzelnen Sprung und dann die Kombination all dieser Bestandteile in einer kompletten simulierten Dressur- oder Springprüfung.

Eine andere Technik der Turniervorbereitung ist das Festlegen von kurzfristigen Zielen, mit denen er die Erwartungen für eine bevorstehende Prüfung lenken kann. Andere zentrale Bestandteile des Turniervorbereitungsprogramms sind das Entwerfen einer Liste der Sachen, die er mitnehmen will, das Vorbereiten von Regeln für sich selbst und das Pferd auf dem Turnierplatz und das Treffen von Vereinbarungen mit dem Trainer, den Helfern und den Teammitgliedern, um die Leistungen zu steigern und nicht zu behindern.

Das Turnierprogramm
Bei der Ankunft auf dem Turnierplatz kann der Reiter ein Turnierprogramm anwenden. Die Bestandteile dessen können sich bei den einzelnen Pferd-Reiter-Kombinationen unterscheiden. Sie können zum Beispiel beinhalten, wann er sein Pferd vom Transporter lädt, wie er sich mit ungewohntem Gelände vertraut macht und wie er seine Mitstreiter und die Offiziellen begrüßt. Darüber hinaus schließt es persönliche Abreitetechniken für das allgemeine Training, direktes Abreiten vor der Prüfung mit ein und auch die mentalen Übungen, die man vor und während der Prüfungen anwenden kann.

Festlegen der Vorgehensweisen und Führen eines Tagebuches
Das Festlegen von Vorgehensweisen ist eine systematische Methode, um ein Gefühl der Kontrolle für die einzelnen Situationen auf dem Turnier zu bekommen.
Wenn wir die Autobiographien von internationalen Reitern und anderen Sportlern lesen, wird deutlich, daß viele von ihnen sich in einer bestimmten Reihenfolge ankleiden, ein kurzes Nickerchen machen, bevor sie mit dem Aufwärmen beginnen, bestimmte Dinge essen, ganz bestimmte Musik hören und ihre Aufgaben in spezieller Weise im Geiste durchgehen, und zwar zu ganz bestimmten Zeitpunkten während des Turniers/Wettkampfes.
Wie lassen sich diese Aktivitäten mit dem Führen eines Tagebuches verbinden? Tagebücher sind Möglichkeiten, um funktionierende Aspekte und Vorgehensweisen bezüglich Training und Turnier für die Pferd-Reiter-Partnerschaft zu erkennen und ebenso jene, die sich in der Vergangenheit als nachteilig herausgestellt haben. Die Bestandteile der Routine, die funktionieren, werden automatisch Teil unserer Vorgehensweise auf dem Turnier, wohingegen die, die nicht funktionieren, revidiert oder in der Zukunft vermieden werden.

Höhepunkte, Tiefpunkte und Zwischenstufen
Obwohl jede der zuvor erwähnten Strategien eine wichtige Rolle bei der Leistungssteigerung spielt, ist es unvermeidbar, daß jeder Reiter Höhepunkte, Tiefpunkte und Zwischenstufen während seiner Karriere erlebt. Dies sind in der Tat unvermeidbare Bestandteile eines Lernprozesses. Während der Reiter sich neue Fertigkeiten aneignet, kann das anfänglich mit dem Absinken der Leistung einhergehen (ein Tiefpunkt). Später, während die neuen Fertigkeiten sich im Automatisierungsprozeß befinden, erreichen viele von uns eine Zwischenstufe und damit eine Möglichkeit, neue Lektionen zu integrieren. Wenn wir dann in dieser Fertigkeit geübter werden, beginnen wir, sie in unserer ganz eigenen Weise zu nutzen. Während dieser Phase können wir einen Höhepunkt in unserem Reiten erreichen.

Die ausgeglichene Perspektive

Dies ist die Fähigkeit, eine Perspektive zum Sport und zum Leben zu entwickeln, bei der ein Hobby mit professioneller und persönlicher Verantwortung verbunden wird. Der Wochenendreiter wird wahrscheinlich seine Zeit auf Freizeitaktivitäten, Familie und Freunde verteilen. Ein Hochleistungssportler oder ein professioneller Turnierreiter verbringt mehr Zeit mit dem Reiten, deshalb verbringen die meisten davon ihre freie Zeit mit Aktivitäten, die nichts mit Pferden zu tun haben. Wenn Reiter versuchen, ihr Leben auf diese Weise auszugleichen, stellen sie oft fest, daß sich die Zeit, in der sie reiten und ihrem Beruf nachgehen, als produktiver herausstellt. Andererseits konzentrieren sich manche Leute nur auf einen Aspekt ihres Lebens, aber auf Kosten anderer Prioritäten. In Kapitel 8 werden Probleme wie Dringlichkeit und Stress sowie Einteilen der Zeit erläutert. Jede einzelne Strategie wird die Wichtigkeit einer ganzheitlichen Annäherung an den Sport und das Leben hervorheben, um einen kontinuierlichen Erfolg beim Reiten zu gewährleisten.

Zweifellos sind die meisten von uns mit den zuvor erwähnten Strategien vertraut. Während des kompletten Rests dieses Buches werden die aufgeführten Bestandteile im Detail erklärt und im reiterlichen Zusammenhang diskutiert werden, so daß sie auf jede reiterliche Disziplin angewandt werden können.
Wenn der Reiter die einzelnen Fertigkeiten und die dafür vorgeschriebenen Übungen in Angriff nimmt, darf er sich nicht entmutigen lassen, wenn die Ziele sich nicht sofort verwirklichen lassen – zur Erinnerung: Mentale Fertigkeiten werden ausgebildet und entwickelt wie physische Fertigkeiten und erfordern deshalb Zeit und Ausdauer. Wenn der Reiter die mentalen Fertigkeiten regelmäßig übt, wird er merken, daß diese sich gleichmäßig mit den physischen Fertigkeiten verbessern. Darüber hinaus wird er mit jedem Schritt, mit dem er seine mentalen Fertigkeiten steigert, ein besseres Verständnis dafür bekommen, warum, wann und wie er diese mentalen Werkzeuge anwenden kann.

Aufgabe 1

Nutze nun die Möglichkeit, ein paar der genannten mentalen Fertigkeiten zu überprüfen. Denke darüber nach, wie viele der Komponenten Du bis heute genutzt hast und wie viele andere Deine Leistungen sowohl im Training als auch auf dem Turnier steigern können. Wende danach die Seite, und wir können die Reise gemeinsam beginnen.

Die Vorstellung vom Reiten

Wenn Du einen lebendigen Traum im Sinn hast,
eröffne ihn der Welt, belebe ihn ...
Denn wenn auch nur einige Menschen daraus einen Nutzen ziehen,
ist die Welt ein besserer Ort zum Leben.

Susan Staszewski

Jeder Mensch hat Phantasie; die Fähigkeit, sich etwas vorzustellen. In einem modernen sportpsychologischen Symposium fragten wir 75 junge Reiter, ob sie es jemals mit Metaphorik (bildlicher Vorstellung) versucht hätten. Nur 6 der Zuhörer glaubten, daß sie das schonmal getan hatten. Die restlichen 69 waren überzeugt davon, daß sie die Metaphorik nie zuvor in ihrem Leben angewandt hatten. Um zu veranschaulichen, daß jeder auf geistige Übungen anspricht, ließen wir alle Reiter, auch wenn einige zögerten, an einem kleinen Experiment teilnehmen. Sie wurden aufgefordert, ihre Augen zu schließen und zuzuhören, als wir verschiedene Geschmäcker, Gefühle und Situationen beschrieben. In einer Übung forderten wir unsere Gruppe auf, sich vorzustellen, daß sie in eine saure Zitrone beißen. Es dauerte nicht lange und jeder in der Gruppe kräuselte seine Lippen als Reaktion auf den beschriebenen sauren Geschmack. In einer zweiten Situation erforschten wir den kinetischen Sinn, indem die Reiter sich vorstellen sollten, daß sie in einen See mit sehr kaltem Wasser tauchen. Daraufhin begannen ausnahmslos alle zu zittern.

Während der ganzen Diskussion beschäftigten wir uns mit Erfahrungen, von denen wir wußten, daß sie den Teilnehmern an unserem Workshop wohlbekannt waren. Um sicherzustellen, daß die Vorstellung von der einen Szene zur nächsten auch erfolgreich blieb, hoben wir als Teil jeder einzelnen Beschreibung zumindest einen der fünf Sinne besonders hervor, vorzugsweise natürlich mehrere. Es erübrigt sich zu sagen, daß wir binnen kürzester Zeit 75 eifrige junge Reiter vor uns hatten, die aufgeregt und begeistert von ihren Fähigkeiten waren, diese Vorstellungstechniken zu benutzen.

Für viele Reiter, sowohl Freizeit- als auch Turnierreiter, ist die Metaphorik ausschließlich verbunden mit der Fähigkeit, sich die eigene Person vorzustellen, indem sie entweder so tun, als ob sie auf einem Pferd sitzen oder indem sie sich auf Video betrachten. Obwohl diese Form der Metaphorik nützlich ist, erstreckt sich die qualitativ beste Metaphorik über visuelle Stichworte hinaus hin zu „viel-sinnlichen" Erfahrungen, bei denen Gefühl und Töne Teile des Prozesses werden.

Ein Beispiel für vollständige Metaphorik für einen Dressurreiter sollte eine Kombination verschiedener gleichzeitig angewandter Sinne beinhalten. Visuell sollte der Reiter das Genick des Pferdes, den Dressurplatz mit seinen Buchstaben, die eigenen Unterarme, Hände und die Zügel sehen. Zur gleichen Zeit sollte der Reiter den Rhythmus des Pferdes hören, egal ob im Schritt, Trab, Galopp, bei einer Piaffe oder bei Tempiwechseln. Zudem hat der Reiter ein eigenes kinetisches Bewußtsein über seinen Körper. Zum Beispiel, wieviel Druck von den Schenkeln und auch den Zügeln ausgeübt wird, ob er tief im Sattel sitzt und geschmeidig mitschwingt oder ob er steif ist und, ob das Pferd leicht und elastisch auf die Hilfen reagiert.

Zudem gibt es noch andere relevante kinetische Anregungen, wie zum Beispiel persönliche Modelle für die Atmung, ob sie flach oder tief, regelmäßig oder unterbrochen, gezwungen oder leicht ist. Basierend auf den metaphorischen Anregungen wird das Vertrauen des Reiters schlußendlich gesteigert oder verringert.

Einführung in die Metaphorik

Nachdem wir nun einige Grundlagen beim Üben der Metaphorik geklärt haben, wird es Zeit, sie selbst kennenzulernen.

Bevor der Reiter die folgende Aufgabe beginnt, sollte er sich die Zeit nehmen, sie vollständig durchführen zu können. Wenn nicht mindestens 15 oder 20 Minuten Zeit erübrigt werden können, sollte er warten, bis er einen Moment Pause hat.

Aufgabe 2

Bevor Du in diesem Kapitel weiterliest, möchten wir Dich durch eine metaphorische Übung begleiten. Befolge diese Anregungen, damit sie möglichst effektiv ist:

- *Lockere Deine Kleidung, bis sie bequem sitzt;*
- *nimm bequem Platz, möglichst an einer Stelle, die nicht härter ist als Dein Sattel;*
- *schließe die Augen (nachdem Du die folgenden Instruktionen gelesen hast);*
- *atme gleichmäßig, indem Du durch die Nase ein- und durch den Mund ausatmest; dies entspannt das Zwerchfell und ermöglicht, tief einzuatmen; atme tief ein, halten den Atem für 5 Sekunden und atme aus, insgesamt 5x;*
- *danach sollte ein Freund oder Familienmitglied mit gedämpfter und entspannter Stimme die Übung lesen; zudem kann etwas sanfte Musik dazu abgespielt werden (vorzugsweise mit natürlichen Tönen), um das folgende Szenario noch zu verbessern;*
- *öffne Dich der Übung und werde eins mit der Erfahrung.*

Geführte Metaphorik – Vorstellung zur Entspannung und Erholung

Es gibt keinen Ort, wo Du hingehen mußt und nichts, was Du tun mußt. Du hast Zeit, Deinen Körper und Deinen Geist zu entspannen. Atme durch die Nase ein. Halte den Atem an. Atme aus (5 Wiederholungen). Stelle Dir vor, Du bist an einem warmen, sonnigen Platz. Es ist nicht zu heiß, nur schön und warm. Du lebst in Ruhe und Frieden mit Dir selbst und allem um Dich herum. Es weht eine sanfte Brise und Du kannst den beginnenden Sommer riechen. Die Bäume sind grün, eine sanfte Brise weht durch die Zweige und läßt die Blätter leise rascheln. Du siehst einen wunderschönen Stall und darin das wundervollste und edelste Pferd, daß Du Dir vorstellen kannst. Sieh, wie die Natur Dich zu einem entspannenden Ritt mit diesem Pferd über die nahegelegenen Felder und in die Wälder einlädt. Es ist ein perfekter Tag für einen Ausritt.

Irgendjemand hat das Pferd für Dich sorgfältig vorbereitet. Sieh, wie das Fell des Pferdes in der Sonne glänzt, sieh wie anmutig sich das Pferd auf Dich zu-bewegt. Du kannst die Hufe des Pferdes hören, als es sich Dir freudig nähert. Du nimmst die Zügel in die Hand, legst Deine andere Hand auf den Sattel, stellst Deinen Fuß in den Steigbügel und schwingst Dich sanft in den Sattel. Nimm den Geruch des Leders und des Pferdes wahr, und wie er sich mit dem Duft von Gras, Blumen und Bäumen verbindet. Fühle die Sonne auf Deinem Rücken, während Du den wunderschönen Feldern entgegenreitest. Trabe vor-sichtig an, wenn Du Dich ihnen näherst. Fühle den Rhythmus des Zweitaktes, während Du in sanftem Trab durch die Wälder reitest. Die Ohren des Pferdes sind gespitzt und die Hinterhand des Pferdes schwingt sanft. Dein Atem scheint eins zu sein mit dem des Pferdes. Galoppiere nach einer Weile lang-sam an und fühle die sanfte, rollende Bewegung des Galopps. Das Pferd ist leichtfüßig angaloppiert und bewegt sich stetig mit Dir vorwärts. Du kannst den Wechsel zum Dreitakt hören und fühlen. Du kannst den leichten Wind auf Deiner Haut spüren und Du siehst den Wald in seiner ganzen Schönheit. Atme den Geruch des Waldes ein und entspanne Dich mit sei-nem perfekten Duft. Du bist eins mit Deinem Pferd und mit der Natur. Genieße Deinen Ritt...

(kurze Lesepause für ca. 10 Sekunden).

Das ist es, was Du am Reiten so liebst, die stille, ruhige Partnerschaft. Jetzt siehst Du eine Wiese mit einem Teich vor Dir, Du verlangsamst zum Trab und dann zum Schritt. Das Pferd geht ruhig zu dem Teich und trinkt daraus. Höre das leise Plätschern des Wassers, als das Pferd trinkt. Du streckst Dich und fühlst Dich wunderbar zufrieden und entspannt.

Nach einer Weile bemerkst Du, daß die Sonne langsam untergeht und der Himmel beginnt sich rötlich zu färben. Du nimmst die Zügel langsam auf und reitest weiter. Du nimmst den Weg zurück zum Stall und gibst dem Pferd die Hilfen zu einem schönen, leichtfüßigen Trab. Du genießt die Umgebung und Du hörst die Zweige und Blätter unter den Hufen des Pferdes. Der Stall kommt schon allzubald in Sichtweite. Du führst Dein Pferd zum Schritt zurück und als Du in den Hof kommst, hältst Du an und steigst ab. Als Du die Zügel in die Hand nimmst und den Gurt löst, dreht sich das Pferd zu Dir um und schmiegt sich vorsichtig an Dich, wie um Dir zu danken. Du sattelst das Pferd ab und bürstest es, bevor Du es in den Stall bringst. Du schaust Dich nochmal im Stall um, bevor Du gehst, nimmst einen tiefen Atemzug und erfreust Dich an dem Duft des Pferdes. Das Pferd wiehert leise – „auf Wiedersehen". Es war ein wunderschöner, entspannender Ritt, das Ende eines perfekten Tages... (der Vorleser sollte die Musik noch 30 – 60 Sekunden spielen lassen).

Dies ist ein spezieller Zufluchtsort, an den der Reiter sich zurückziehen kann, wann immer er möchte. Er muß nur seine Augen schließen, sich entspannen, 5x tief einatmen und sich selbst in diese Szene zurückversetzen. Wenn er bereit ist, öffnet er allmählich und ganz in Ruhe die Augen. Er sollte auch ganz langsam aufstehen, damit das Ende der Übung genauso ruhig und entspannend ist, wie die Übung selbst. Wenn er zu schnell aufsteht, könnte er sich schwindelig fühlen. Diese Entspannungsübung kann der Reiter nutzen, um Anspannungen zu lösen, wenn er nicht zum Stall gehen kann oder auch zu jedem anderen Zeitpunkt, an dem er unter Streß oder Druck steht. Das Pferd, der Stall, der Wald, die Wiesen und der Teich bleiben in der Vorstellung erhalten.

Unvermeidlich wird er dazu kommen, das Bild auf seine eigene Vorstellung von Perfektion zuzuschneidern. Wichtig ist nur, daß die Übung entspannend ist.

Neue und vor allem nervöse Reiter können von dieser Reise des Geistes und des Körpers genauso profitieren wie erfahrene.

Sie ermöglicht ihnen, das Gefühl eines entspannten Rittes zu empfinden oder auch wieder aufleben zu lassen, was dann dem Körper oder dem Geist hilft, sich beim Reiten zu entspannen. Der Trainer kann diese Übung auch bei neuen oder sehr schwachen Reitern, sowie bei Reitern, die schwierige Pferde haben, im Vorfeld einer Reitstunde anwenden. Folglich kann er diese Übung als Teil einer Vorbereitung auf die Reitstunde nutzen.

Aufgabe 3

*Bezogen auf die zuvor beschriebene „geführte Metaphorik"
folgen nun einige Kriterien, mit denen Du Deine metaphorischen Fähig-
keiten erkennen und deren Qualität steigern kannst. Beim Durchlesen
der Fragen solltest Du Dir mit den Antworten Zeit lassen. Möglicher-
weise hast Du noch zusätzliche Kriterien für die einzelnen empfundenen
Sinne. Falls ja, solltest Du diese der Liste hinzufügen, weil auch sie
Deine Fähigkeiten unterstützen. Es könnte ebenso sein, daß Du bei
Deinen eigenen Erfahrungen nur wenige Kriterien in Betracht ziehst.
Wenn dies der Fall ist, bieten die übrigen Kriterien Hinweise zur
Steigerung Deiner Fertigkeiten.*

Die visuellen Aspekte, die in Betracht gezogen werden sollten, sind:

1. *Läuft die Vorstellung in schwarz oder weiß, in grau oder in Farben ab?*
2. *Wie hell und leuchtend sind die Dinge in der Vorstellung?*
3. *Sind die Klänge und Farben der Bilder richtig?*
4. *Steht das Bild still oder ist Bewegung darin?*
5. *Wenn es ein bewegliches Bild ist, passiert das in der richtigen
   Geschwindigkeit, ist es zu langsam oder zu schnell?*
6. *Steht das Bild in der Mitte oder läuft es am Rande ab?*
7. *Ist das Bild in der Vorstellung nahe dabei oder weit entfernt?*
8. *Wie viele Dimensionen hat das Bild? Ist es flach oder hat es Tiefe?*
9. *Läuft die Vorstellung in der ersten oder der dritten Person ab
   (siehst Du das Bild wie bei der Betrachtung eines Videos oder mit den
   Augen des Reiters)?*

**Hörbare Signale können die Qualität und Vollständigkeit
der Metaphorik ebenfalls steigern:**

10. *Welche Geräusche (wenn überhaupt) vervollständigen das
    vorhandene Bild?*
11. *Sind die Geräusche laut und klar oder gedämpft?*
12. *Sind es gleichmäßige Geräusche oder sind sie unterbrochen (zum
    Beispiel der Rhythmus der Gangart des Pferdes)?*

**Die kinetischen Elemente des körperlichen Bewußtseins sind
wahrscheinlich die entscheidendsten Bestandteile des
Vorstellungsprozesses. Dabei sollte berücksichtigt werden:**

13. *Wie fühlen sich die Muskeln während der Vorstellung an? Fühlst Du
    sie überhaupt? Wenn ja, welche? Sind es die passenden Muskeln?*

14. *Sind Gewicht, Beine, Schenkel, Hände und Rücken so mit dem Pferd verbunden, wie es sein sollte? Falls ja, beschreibe das Gefühl, falls nein, versuche herauszufinden, warum nicht.*
15. *Bist Du und Dein Pferd im Gleichgewicht während der Vorstellung, oder gerät einer von beiden aus dem Gleichgewicht?*
16. *In welcher Geschwindigkeit bewegen sich Deine Muskeln bzw. die Deines Pferdes während der Vorstellung – langsam, normal oder zu schnell?*
17. *Wieviel Energie und Aktivität ist mit Deiner Ausführung bzw. der Deines Pferdes verbunden?*

Und schlußendlich beinhaltet der Vorstellungsprozeß auch mentale Bestandteile. Ihr Einfluß könnte zu folgendem führen:

18. *Vollendest Du und Dein Pferd die Aufgaben erfolgreich?*
19. *Bist Du während des Vorstellungsprozesses überzeugt von Deinen eigenen physischen Fertigkeiten und denen Deines Pferdes?*

Es muß beachtet werden, daß die Relevanz der hörbaren und der kinetischen Elemente in der Vorstellung bei jedem einzelnen Reiter variiert. Dies geschieht, weil sich einige von uns nach den visuellen Vorstellungen richten, andere nach dem Gefühl, wieder andere sogar nach Geräuschen.

Im Zusammenhang mit dem Reiten sind es die kinetischen, visuellen und mentalen Komponenten, die betont werden sollten. Höchstes Ziel ist es, so viele der oben genannten Elemente wie möglich in die Vorstellung einzubringen.

Die Entwicklung der Vorstellungsfähigkeit

Im mentalen Übungsprozeß möglichst viele verschiedene Stichworte zu nutzen ist sicherlich der beste Weg, um die Vorstellungsfähigkeit zu entwickeln und zu verbessern. Das Einbeziehen der Komponenten geschieht oft stufenweise, wie auch bei der Entwicklung anderer Fertigkeiten. Viele Menschen beginnen damit, sich selbst in der dritten Person zu sehen, wie sie erfolgreich arbeiten (so als ob sie sich selbst auf Video sehen). Das Bild selbst ist normalerweise unklar, möglicherweise schwarz oder weiß, oder aber auch grau und liegt oft in weiter Ferne. Wenn die visuellen Fähigkeiten eines Menschen sich dann verbessern, kommt das Bild näher, wird klarer, die Farben werden deutlicher, kurz gesagt, die Qualität wird besser.

Durch stetiges Üben gelingt es vielen erfahrenen Reitern, in ihre Vorstellung „einzusteigen" und ihr Reiten mit den eigenen Augen zu sehen, als ob es real wäre. In dieser Vorstellung in der „Ichform" kommen dann die Geräusche und Gefühle aus tatsächlichen Ritten hinzu. Das führt dazu, daß die mentale Übung immer naturgetreuer wird: Der Reiter erfährt eine persönliche Einbindung in die Vorstellung, im Gegensatz zu der anfänglichen videoähnlichen Perspektive. Also, Geduld zahlt sich bei der Entwicklung und Verfeinerung der metaphorischen Fähigkeiten aus.

Anwendungsmöglichkeiten für die Metaphorik beim Reiten

Die Metaphorik trägt auf vielerlei Arten zu guten Leistungen bei. Als erstes kann sie dabei helfen, das Selbstvertrauen zu steigern, bevor der Reiter sich an etwas Schwieriges heranwagt. Im wesentlichen gelingen ihm die Dinge besser, wenn er sich vorher vorstellt, wie er etwas erfolgreich schafft. Mentale Übungen können ebenfalls vor einem Turnier hilfreich sein, um sich die Schwierigkeiten einzuprägen, sei es bei einem Flachrennen, einem Orientierungsritt, einer Fuchsjagd, einer Spring- oder einer Dressurprüfung, oder auch bei einem Ausritt. Eine Vertrautheit mit dem Parcours oder der Strecke, sowie einer Taktik, um sie zu meistern, sind förderlich für gute Leistungen.

Diese beiden Anwendungsmöglichkeiten der Metaphorik offenbaren nur einen Teil ihrer Stärke. Um eine umfassende Vorstellung davon zu geben, wie hilfreich die Metaphorik ist, wollen wir nun einige spezielle Zusammenhänge betrachten, bei denen sie angewandt werden kann.

Erzeugen positiver mentaler Bilder

Die Metaphorik liefert dem Reiter ein positives mentales Bild, insbesondere dann, wenn er sich unsicher fühlt, sowohl beim Training als auch auf dem Turnier. Eine hohe Konzentration ist erforderlich, um sich eine erfolgreiche Anwendung der notwendigen Fertigkeiten vorzustellen.

Erste Versuche ergeben oftmals negative Bilder, egal ob beim Springreiten, bei der Dressur oder der Vielseitigkeit. Davon sollte der Reiter sich nicht sofort entmutigen lassen, er sollte weiterüben, bis er ein Bild von einem erfolgreichen Ritt vor Augen hat. Die meisten Menschen produzieren viel zu oft negative Bilder, in denen sie z. B. nicht den richtigen Absprung vor einem Hindernis finden. Diejenigen drängen wir, noch einmal neu zu beginnen und ein ganz neues Bild von sich selbst zu erstellen, indem sie wesentlich positiver und vertrauensvoller an die reiterlichen Herausforderungen herangehen.

Schlußendlich ist eine positive Einstellung die Voraussetzung für möglichen Erfolg, unabhängig vom Ausbildungsstand und von den gesetzten Zielen. Wenn dies dann der Fall ist, ist es die Mühe wert – und auch unerläßlich – seine Vorstellungskraft zu trainieren, um sie zu perfektionieren. Deshalb sollte der Reiter die Metaphorik regelmäßig anwenden, mindestens zweimal pro Woche.

Aufgabe 4

Nimm Dir fünf Minuten Zeit, schließe die Augen, setze Dich so, wie man auf einem Pferd sitzt und stelle Dir vor, daß Du tatsächlich auf einem Pferd sitzt. Probiere in Deiner Vorstellung etwas neu Erlerntes aus – eine Vorhandwendung, eine neue Springübung oder eine Haltungsübung. Beginne, indem Du eine paarmal tief einatmest und versetze Dich dann in dieses Trainingsbild, das Du ausgewählt hast, hinein. Wenn die vorgestellten Bewegungen fehlerhaft sind, korrigiere Dich und wiederhole die Übung, bis sie richtig ist. Denke daran, daß Du jederzeit die Möglichkeit hast, Deine Vorstellung zu revidieren, bis sie nach Deinem Geschmack ist.

Nach Beendigung der Aufgabe sollte der Reiter über das Ergebnis nachdenken. War es möglich, die gestellte Aufgabe ohne Anleitung durchzuführen?

Manche Menschen können sich positive Bilder nur schwer vorstellen. Oft liegt der Grund für diese Unfähigkeit darin, daß Erinnerungen aus dem Langzeitgedächtnis nicht abrufbar sind. Wenn dies der Fall ist, ist es sinnvoll, sich bei seinen geistigen Übungen ein Video von einem seiner Ritte anzuschauen. Falls kein Video vorhanden ist, sollte ein Video eines Reiters von gleichem Ausbildungsstand in der gleichen Disziplin zu Hilfe genommen werden, das die gefragten Fertigkeiten zeigt. Für jemanden, der z. B. nicht genug Selbstvertrauen hat, einen Geländekurs zu bewältigen, kann es hilfreich sein, einen aggressiven, aber technisch korrekten Reiter auszuwählen und ihn als Vorbild zu nehmen. Sich einen solchen Reiter anzuschauen, kann die persönliche Vorstellung unterstützen, wie positiv man eingestellt sein muß, um bei einem Geländeritt erfolgreich zu sein.

Der Gebrauch eines Videos, um Vertrauen zu gewinnen oder wiederherzustellen, ist einfach. Ein passend ausgewähltes Video gibt dem Reiter ein positives Beispiel, wie er eine Aufgabe erfolgreich absolvieren kann. Nachdem er sich einzelne Segmente des Videos angeschaut hat, sollte er es anhalten und die Augen schließen. Er soll sich selbst in dieses Bild hineinversetzen und den gesuchten Stil annehmen, der im Video gezeigt wurde. An diesem Bild sollte er arbeiten, bis er sich selbst ähnlich erfolgreich reiten sieht. Gleichzeitig hilft dieses positive Video, sich daran zu erinnern, wie die einzelne Disziplin und ihre

Schwierigkeiten aussehen, sich anhören und anfühlen. Diese Hinweise können auch dazu beitragen, sich selbst in positive Turniererfahrungen zurückzuversetzen.

Wiederholen physischer Empfindungen

Die Metaphorik kann genutzt werden, um die körperlichen Empfindungen zu wiederholen, die der Reiter normalerweise in der vorgestellten Disziplin erlebt. Interessanterweise wurde festgestellt, daß die Muskeln und Nervenenden von Sportlern, die in einem Laborexperiment während einer Metaphorikübung beobachtet wurden, nicht zwischen Vorstellung und körperlichem Training unterscheiden konnten. Beide Formen der Übung führten zu körperlicher Ermüdung. Als Sportspezialisten haben wir viele Sportler gesehen, die die Metaphorik als Teil ihrer Aufwärmübungen nutzen.

Einige taten dies, um sich selbst auf den richtigen Energielevel zu bringen und sich daran zu erinnern, was ihnen bevorsteht. Andere ermüdeten sich allerdings durch zu starken Gebrauch dieser Technik. In diesen Fällen würde der Sportler z. B. länger als eine Stunde üben, bevor er die eigentliche Aufgabe oder den Wettbewerb beginnt. Dies brachte mit sich, daß sie weiterübten, obwohl sie die richtige Vorstellung schon lange gefunden hatten. Normalerweise taten sie das, weil sie sich unsicher fühlten. Das war unnötig und wirkte sich in vielen Fällen nachteilig aus. Deshalb empfehlen wir ein Training mit einer Kombination von mentaler und physischer Anstrengung und möchten betonen, wie wichtig es ist, keines von beidem zu übertreiben.

Wie aus dem vorher Gesagtem ersichtlich wird, kann der Reiter die Metaphorik als Ergänzung zur körperlichen Übung hinzunehmen, wenn er nicht tatsächlich reiten kann. Freizeitreiter, die nicht jeden Tag reiten können, können mit mentalen Übungen ihr Gefühl für den Sport an den Tagen sensibilisieren, wenn Reiten nicht möglich ist. Turnierreiter können ähnliche Übungen nutzen, wenn irgendwelche Umstände das tägliche Training unterbrechen. Es sollte aber klar sein, daß Metaphorik alleine nicht genug ist, um sein Reiten auf einen optimalen Stand zu bringen. Alle Untersuchungen bezüglich der Mitwirkung von physischen und mentalen Übungen auf dem Weg zu einem erfahrenen Reiter brachten das gleiche Ergebnis: Mentale und physische Übungen tragen beide zu einer Verbesserung bei, aber die besten Ergebnisse werden erzielt, wenn beides regelmäßig geübt wird.

Entspannung

Abschließend sollten wir den Gebrauch der Metaphorik zur Entspannung betrachten, bevor wir aufs Pferd steigen. Sowohl Freizeit- als auch Turnierreiter werden oft hyperaktiv angesichts der Anforderungen, die ihnen bevorstehen. Das können z. B. eine schwierige Springprüfung, eine neue Dressurprüfung oder eine anspruchsvolle Geländeprüfung während eines Turniers sein, oder aber auch der erste Ausritt ins Gelände. Als Vorbereitung für solche Herausforderungen haben viele der besten Reiter entspannende Vorstellungen entwickelt, die sie sich ins Gedächtnis rufen, bevor sie ihre Aufgabe beginnen. Bei der Arbeit mit Olympiateilnehmern forderten wir diese auf, eine mentale Übung zu entwickeln, die sie nutzen können, wenn sie unter Druck stehen. Das kann Beruhigung verschaffen, bevor man sich an eine große Herausforderung begibt oder wenn man gestreßt ist. Dies wird noch im Detail in Kapitel 5 besprochen.

Nun sollte jeder verstanden haben, daß die Metaphorik eine wesentliche Rolle bei der Entwicklung seines Könnens spielt, unabhängig vom Ausbildungsstand und der bevorzugten Disziplin. Um dies noch einmal zu wiederholen: Regelmäßig angewandte Metaphorik gibt dem Körper und dem Geist eine gewisse Vertrautheit in bezug auf das Reiten und steigert zudem die Selbstsicherheit, indem sie dem Reiter ein positives mentales Bild liefert. Diese Faktoren werden auf jeden Fall dazu beitragen, beständig Höchstleistungen zu erreichen, egal ob beim Freizeitreiter, während des Trainings oder auf dem Turnier.

Während die Bilder vor dem geistigen Auge eine Art Wegweiser bezüglich zukünftiger Ziele und Leistungen sind, ist die Metaphorik als Ganzes nur der Beginn beim Streben nach guten Leistungen. Um die nächste Hürde in unserer Entwicklung als Reiter zu nehmen, müssen wir uns realistische Ziele setzen, die uns zu unseren Träumen führen. Das nächste Kapitel wird erklären, wie wir diese zweite, sehr wichtige Hürde nehmen können.

Aber zunächst einmal folgen einige Merksätze für den Gebrauch der Metaphorik:

1. *Die Vorstellung von einem anderen Reiter (z. B. auf einem Video) ist sehr hilfreich, um Selbstvertrauen wiederzuerlangen.*

2. *Bei der Vorstellung von sich selbst erzielt der Reiter die besten Ergebnisse, indem er wie auf einem Pferd sitzt.*

3. *Beim Gebrauch der Metaphorik in der 1. Person (die Vorstellung von sich selbst) sollte er möglichst viele Sinne einbeziehen, je mehr, desto besser.*

4. *Entspannende Vorstellungen und geistige Vorstellungsübungen sind bevorzugte Übungen für hyperaktive Reiter jeden Ausbildungsstandes und jeder Disziplin.*

5. *Manchmal werden Höchstleistungen verlangt, sind aber nur schwer vorstellbar. Unter solchen Umständen ist eine stimulierende Vorstellung nützlich – z. B. Anschauen erbrachter Leistungen auf einem Video.*

6. *Jede Form der Metaphorik sollte zweimal pro Woche geübt werden.*

Führung
durch Zielsetzung

Das wichtige in dieser Welt ist nicht so sehr, wo wir sind,
sondern in welche Richtung wir gehen.

Oliver Wendell Holmes

Wolfgang Schinke vertritt die Ansicht, daß „jede Realität mit einem Traum beginnt". Jede erfolgreiche Person, der wir begegnet sind, scheint diese Theorie zu unterstützen. Menschen, die Großes zustande gebracht haben, egal ob im Sport, im Beruf oder im persönlichen Leben, scheinen alle ihre Reise mit einer Langzeitvorstellung davon begonnen zu haben, wo sie hin wollten. Wie Kinder haben sie ihre Ziele ins Unterbewußtsein gesetzt, vielleicht in Form von Tagträumen. In ihrer Jugend lernten sie, wie wichtig es ist, ihre Konzentrationsfähigkeit zu entwickeln. Nur einige wenige von ihnen wurden dazu ermutigt zu träumen. Trotzdem waren die meisten als Kinder ständige Träumer, ließen ihre Gedanken zu seltsamen und wundervollen Orten wandern – sie trauten sich zu träumen.

Nur aus reiner Neugier möchten wir den Reiter fragen, ob er jemals für Tagträumereien bestraft worden ist. Folgt er immer noch seinen früheren Träumen? Rufen diese Fragen einige interessante Gedanken bei ihm hervor? Und ist sein Leben schließlich in die Richtung gegangen, die er sich als Kind in seinen Träumen vorgestellt hat oder war das reiner Zufall? Wie auch immer die Antworten auf diese Fragen lauten, der Zweck dieses Kapitels ist, das volle Verständnis für den Begriff Zielsetzung zu geben und einige Übungen zu beschreiben, die dazu geeignet sind, Ziele für die Zukunft zu klären, sie zu bewältigen und zu erfüllen.

Schon als Kinder wollten Melanie Smith und Bruce Davidson, Gewinner von olympischem Gold im Springreiten, Mitglieder im Nationalteam werden. In ihrer Jugend verfolgten beide weiterhin den Gedanken, Profisportler zu werden. Zuerst waren ihre Vorstellungen unbegründete Träume. Trotzdem unternahmen beide wohlüberlegte Schritte, um ihre Träume zu realisieren. Nachdem sie ihre Ziele erreicht hatten und Mitglieder im jeweiligen Springnationalteam geworden waren, setzten sich beide neue Langzeitziele: Sie wollten zu den führenden internationalen Springreitern gehören. Und darin liegt der Unterschied zwischen einem Träumer und einer Person, die vorwärts blickt und sich Langzeitziele setzt. Für die beiden oben zitierten Personen war jeder Schritt nach vorne geleitet von Langzeitvorstellungen und kontrolliert durch kurzzeitige Abschnitte. Man kann also sagen, daß Ziele als weit entfernte Träume beginnen, bevor der Reiter sie als klare Möglichkeiten erkennt und dann anstrebt.

Perspektiven zur Zielsetzung

Die Zielsetzung hängt eng mit dem Entwickeln von Können zusammen. Egal ob wir Turnierreiter mit einer höheren oder niedrigeren Leistungsklasse oder ob wir Freizeitreiter sind, jeder muß sich Ziele setzen, die ihn in seinem Streben weiterbringen. Oft sehen wir Reiter, die vergessen, ihre Ziele neu zu setzen und als Folge daraus ihren eigenen Fortschritt aufhalten. Als Sportpsychologen verbringen wir viel Zeit damit, Sportlern zu helfen, einen Sinn und damit eine Richtung für ihren Sport zu finden. Die ersten Treffen beginnen oftmals damit, daß die Menschen erklären, sie seien frustriert, wenn sie ihren Sport ausüben und es mache ihnen keinen Spaß mehr. Während des Gesprächs wird dann oft deutlich, daß sie vergessen haben, sich neue Ziele zu setzen, nachdem sie vorherige erreicht haben. Wir erklären ihnen dann, daß es nichts Schöneres gibt als alte Zielvorstellungen zu erfüllen und gleichzeitig neue anzustreben.

Wenn Reiter oder andere Sportler anfangen, nach vorne zu schauen, gewinnt plötzlich Optimismus die Oberhand. Wir ermutigen die Leute dazu, sich Ziele zu setzen, die eine wirkliche Belohnung sind, denn dies scheint die beste Langzeitmotivation zu sein. Im Gegensatz dazu ziehen sich Olympia-Sportler oft vom Sport zurück, weil sie vergessen, sich neue Ziele zu setzen und so ihre Motivation verlieren.

Es gibt ständig Hochleistungssportler im Reitsport, die sich vorzeitig selbst kaputt machen. Ihre ersten Erfahrungen als Reiter sind gut, weil sie sich Ziele setzen – das ist die Mühe wert, das lohnt sich. Aber mit der Zeit beginnen diese Reiter, sich nur auf das Erzielen von Leistungen zu konzentrieren, anstatt sich über die positive Entwicklung ihrer Fähigkeiten zu freuen.

Das gleiche Phänomen kann bei Freizeitreitern auftauchen. Sie fangen an, Reitstunden zu nehmen mit der Absicht, sich irgendwann ein eigenes Pferd zu kaufen und damit ins Gelände zu gehen. Wenn die Reitstunden beginnen, kommt jede Menge harte Arbeit auf sie zu, um das Reiten zu erlernen. Reiter und Trainer gehen völlig in der Aufgabe auf, das reiterliche Können zu entwickeln und vergessen dabei manchmal das eigentliche Ziel: Freude am Reiten.

Irgendwo während dieser ganzen Entwicklung verlieren beide Gruppen, sowohl die talentierten als auch die einfach nur leidenschaftlichen Reiter, das Ziel aus den Augen, die Reiterei zu genießen und ihre Bestrebungen werden zur Plackerei.

Aufgabe 5

Denke ein paar Augenblicke darüber nach, wie sich Deine eigenen reiterlichen Ziele von der ersten Erfahrung bis zum heutigen Tage entwickelt haben. Frage Dich selbst, ob Du Dir Ziele gesetzt hast und ob Deine Liebe zur Reiterei erhalten geblieben ist. Entwerfe eine Skizze von der Entwicklung Deiner eigenen reiterlichen Ziele anhand von Abbildung 1.

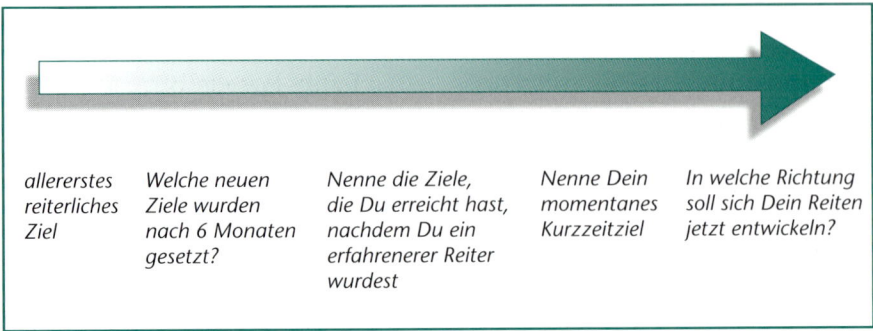

| allererstes reiterliches Ziel | Welche neuen Ziele wurden nach 6 Monaten gesetzt? | Nenne die Ziele, die Du erreicht hast, nachdem Du ein erfahrenerer Reiter wurdest | Nenne Dein momentanes Kurzzeitziel | In welche Richtung soll sich Dein Reiten jetzt entwickeln? |

Abbildung 1: Die Weiterentwicklung der reiterlichen Ziele

Zielrichtung eines Freizeitreiters

Freizeitreiter aller Altersgruppen wählen diesen Sport aus zahlreichen Gründen. Sie lieben die Natur, Tiere und das Alleinsein bei einem Ausritt in freier Natur. Viele erfreuen sich an der körperlichen Ertüchtigung und an einem durchtrainierten Körper. Ihr Hauptziel ist es meistens, Grundkenntnisse zu erlangen, so daß sie dem von ihnen gewählten Hobby nachgehen können. Sie nehmen Reitunterricht, um diese Ziele zu verwirklichen. Einige wollen auch ein bißchen mehr über Dressur oder Springen lernen, aber meistens geht es ihnen nur um die Freude am Reiten. Ein zusätzlicher Pluspunkt ist die Kameradschaft mit Gleichgesinnten, mit denen sie nach dem Reiten einen Kaffee trinken und über Pferde reden können, und auch darüber, was sie während der Reitstunden gelernt haben. Sie sind stolz, wenn sie etwas Neues gelernt oder vielleicht eine Angst besiegt haben.
Das Ziel erstreckt sich somit auf die physischen, emotionellen, psychologischen und auch auf die seelischen Seiten des Individuums, das diesen Sport zur Erholung und Entspannung gewählt hat.

Zielrichtung eines Turnierreiters

Trotz der hohen Bedeutung der Ziele, die schon an sich eine Belohnung sind, macht einem die Realität immer wieder klar, daß einige Leistungen in unserem Leben nach ihren Ergebnissen bewertet werden. Für Turnierreiter sind Ergebnisse ein Wert, mit dem sie ihre eigenen Trainingsmethoden mit denen anderer Reiter vergleichen und einstufen können. Interessant ist jedoch, wenn wir einige Reiter auf einem Turnier fragen würden, welches ihre Ziele sind, daß manche antworten, sie nehmen an Turnieren teil, weil es ihnen Spaß macht. Andere schauen einen sehr entschlossen an und sagen, daß sie gewinnen wollen.
Es gibt beide Ziele beim Turnierreiten. Der Reiter, der an einem Turnier teilnimmt, weil es ihm Spaß macht, verwirklicht sein Ziel, indem

er das Wochenende auf dem Turniergelände verbringt, sich an der Umgebung und dem Zusammensein mit anderen enthusiastischen Reitern erfreut. Turnierreiter, die auf einem hohen Niveau reiten, haben hingegen eine andere, komplexere Orientierung; ihre Bemühungen richten sich gleichermaßen auf das beständige Erbringen hervorragender Leistungen und auf das Erzielen guter Ergebnisse.

Verfahrensorientierte Ziele für alle Reiter

Für den Menschen ist es natürlich, die meisten seiner Lang- und Kurzzeitziele auf der Basis von konkreten Ergebnissen festzulegen. Dies umfaßt den Vergleich unserer Fähigkeiten mit denen anderer Reiter, sowie auch das Gewinnen von Schleifen und Pokalen auf dem Turnier. Es gibt jedoch auch noch eine andere wichtige Art und Weise, Leistungen zu bewerten.

Das ganze Leben ist eine Reise und ein fortwährender Lernprozeß, und Reiten ist ein wertvoller Teil davon. Die reiterliche Weiterentwicklung und das Erlangen neuer Fähigkeiten begründen sich oft einfach nur im Spaß am Reiten. Manchmal denken wir gar nicht an unsere Erwartungen und reiten einfach so, weil es uns Spaß macht. Wenn wir das tun, entwickeln wir uns weiter, denn wir wollen mehr Freude am Reiten erleben, und das wird dann zum Schwerpunkt. Als Ergebnis davon entspannt sich unser Geist, der Körper wird locker und wir lernen automatisch. Wenn wir diesen Zustand erreicht haben, wollen einige von uns vielleicht eine schwierigere Dressurlektion ausprobieren, z. B. eine Piaffe oder Passage. Andere konzentrieren sich womöglich darauf, in Springprüfungen routinierter und besser zu werden. Da in diesem Fall das grundlegende Ziel darin besteht, daß wir an dem Prozeß teilhaben wollen, haben wir das Ziel bereits erreicht – alles was man dazu braucht ist ein interessierter Reiter, ein Trainer, der hilft und ermutigt und ein williges Pferd.

Aufgabe 6

Jeder Reiter, unabhängig vom Ausbildungsstand, sollte einen Plan haben, den er befolgt und zwar von dem Moment an, in dem er aufsteigt. Es sollte die Zielsetzung eines jeden Trainings sein, die Pferd-Reiter-Partnerschaft den angestrebten Zielen einen Schritt näherzubringen. Hast Du ein klares Arbeitsprogramm, um Dein schließliches Langzeitziel zu erreichen? Denke ein paar Minuten nach – versuche herauszustellen, welche Vorgehensweisen Du anwendest, um Deine Ziele zu erreichen. Die jeweiligen Lektionen hierbei können zwischen dem Reiten einer geraden Linie bis hin zu Ausschnitten aus einem Grand Prix variieren.

Ergebnisorientierte Ziele für hochrangige Turnierreiter

Für diejenigen, die in einer höheren Leistungsklasse reiten, können ergebnisorientierte Ziele hilfreich sein. Sehr oft haben wir Reiter gesehen, deren Zielsetzung auf Ergebnissen basiert, die sie entweder ohne jede Mühe erzielen, oder aber die sie auch mit ihren allerbesten Vorstellungen (Leistungen) nicht erreichen. Der eigentliche Zweck der ergebnisorientierten Ziele ist es, dem Turnierreiter dabei zu helfen, zwar schwierige aber durchaus erreichbare Resultate anzustreben. Die Erfahrung hat gezeigt, daß Reiter in höheren Leistungsklassen leicht einen fundamentalen Irrtum begehen und ihre Ziele bezüglich der angestrebten Ergebnisse zu niedrig ansetzen: Wenn dies der Fall ist, nutzen sie selten ihr ganzes Potential. Wir wollen nun anhand einer interessanten und anregenden persönlichen Erinnerung zeigen, wie ergebnisorientierte Ziele die Leistungen beeinflussen können.

Fallstudie

Vor ein paar Jahren bereiteten sich Robert und zwei Reiterfreundinnen auf die Europäischen Meisterschaften der Jungen Reiter vor – jeder von ihnen repräsentierte ein anderes Land. Beverley setzte sich mit ihnen zusammen und fragte sie, ob sie ihre Plazierungen für die bevorstehende Meisterschaft möglicherweise vorhersagen können. Eines der Mädchen erklärte, daß sie etwas Angst vor der Geländeprüfung habe, und daß sie einfach nur durch die Prüfung durchkommen wolle. Die zweite Reiterin meinte, daß eine Plazierung unter den ersten 10 realistisch sei und das sei auch die Anforderung, die sie an sich selbst stelle. Robert hatte höhere Ambitionen, er wollte unter den ersten 5 ankommen. Man wird kaum glauben, was daraufhin passierte. Das Mädchen, das einfach nur die Prüfung absolvieren wollte, tat genau dies und erreichte einen akzeptablen 21. Platz von ca. 33 Startern. Die Reiterin, die unter den besten 10 landen wollte, war ebenfalls mit ihrer Leistung zufrieden, sie erreichte den 10. Platz. Genauso zufrieden war Robert, er wurde 5., nicht besser und nicht schlechter.

Erreichen realistischer Ziele, die trotzdem eine Herausforderung darstellen

Aus der oben gezeigten Erfahrung können wir etwas Fundamentales lernen: Als Reiter können wir nur so weit kommen, wie die Ziele, die wir uns gesetzt haben. Wenn wir mit Reitern arbeiten, egal was sie auch anstreben, helfen wir ihnen, Ziele festzulegen und auch neu zu bewerten, die realistisch und trotzdem eine Herausforderung sind. Zu Beginn bitten wir sie manchmal, die Augen zu schließen und sich vorzustellen, wie sie ihre wichtigsten Ambitionen erfüllen. Es dauert nicht lange und jeder von ihnen lächelt, hofft und traut sich, davon zu träumen, wie er Dinge schafft, die früher unerreichbar schienen. Die Zielsetzung ist ein Teil der Reise und nicht der Zielort, und um bei dieser anspruchsvollen Reise vorwärts zu kommen, müssen wir unsere Ziele mit gebührender Sorgfalt und Überlegung festlegen.

Erster Schritt des Prozesses ist das Festlegen von Langzeitzielen. Ein erwachsener Reitanfänger könnte z. B. das Langzeitziel haben, auf dem Turnier einfachere Dressurprüfungen zu absolvieren. Kurzzeitziele sollten immer mit den Langzeitzielen übereinstimmen und dabei helfen, die Fortschritte in Richtung des schlußendlichen Ziels zu lenken. Folglich könnte sich der Reiter in unserem Beispiel eine Reihe von Kurzzeitzielen setzen, wie das Erlangen eines unabhängigen, ausbalancierten Sitzes, das Erlernen der richtigen Hilfengebung und das Reiten von bestimmten Lektionen.

Aufgabe 7

Finde auf der Grundlage des Langzeitzieles aus Aufgabe 5 eine Reihe von Kurzzeitzielen, die Dich Schritt für Schritt zu Deiner Langzeitzielvorstellung führen.

Ziel für den letzten Monat erreicht: _____

Arbeit am Ziel für diesen Monat: _____

Angestrebtes Ziel für den nächsten Monat: _____

Denke daran, daß jedes dieser Kurzzeitziele ein zunehmender Fortschritt in Richtung des Langzeitzieles ist. Wenn ein Kurzzeitziel erreicht ist, fahre damit fort, Dir neue und interessante Ziele zu setzen, denn diese Übung ist ein fortdauernder Prozeß.

Setzen von Zielen zur Leistungssteigerung

Obwohl wir schon einige Prinzipien bezüglich der Zielsetzung diskutiert haben, gibt es noch vieles mehr, das beachtet werden sollte. Eine Langzeitsichtweise ist ein guter Bezugspunkt in jedem Zielsetzungsprozeß, aber dies allein ist nicht genug, um erfolgreich zu sein. Wenn die Menschen aufgefordert werden, sich Ziele zu setzen, passiert oft folgendes: Sie setzen sich entweder anspruchsvolle, aber trotzdem verallgemeinerte Ziele, die ohne große Probleme erreicht werden können. Aber Ziele, die die Leistungen fördern sollen, müssen sowohl herausfordernd als auch genau festgelegt sein. Deshalb sollten wir uns die Zeit nehmen, diese Möglichkeiten zu untersuchen und die Ergebnisse einer jeden zu bewerten.

1. Sehr oft wählen die Leute Ziele aus, die sowohl schwierig als auch allgemeiner Natur sind. Die Folgen dieser Wahl machen deutlich klar, warum viele von uns ihre Motivation zu verlieren scheinen. Diejenigen, die diese Wahl machen, wollen z. B. ein „so guter Reiter wie möglich" werden. Wenn sie gefragt werden, wie sie dieses Ziel erreichen wollen, fanden es einige schwierig, Kriterien anzugeben, mit denen sie ihre Fähigkeiten beurteilen können. Obwohl viele Menschen Fortschritte auf ihre eigene Art und Weise erzielen wollen, bringt es sie doch aus der Fassung, wenn sie feststellen, daß es keine Methode gibt, ihre Entwicklung zu bewerten und sich über ihre Fortschritte zu freuen. Demzufolge verlieren sie entweder das Interesse an ihren reiterlichen Bestrebungen oder, was wünschenswert wäre, sie suchen einen fähigen Reitlehrer auf, mit dem sie einen genaueren und interessanteren Arbeitsablauf entwerfen.

2. Andere Reiter möchten für sich Ziele finden, die genau festgelegt, aber doch einfach zu erreichen sind. Ein Hauptbeispiel für ein solches Ziel wäre, wenn ein sehr guter Springreiter sich dafür entscheidet, einen Grand-Prix-Parcours fehlerfrei und sehr vorsichtig zu absolvieren, obwohl er eigentlich die Fähigkeit und eine überdurchschnittliche Chance hätte, eine schnelle und fehlerfreie Runde zu reiten. Man muß zugeben, daß einfache, aber genau festgelegte Ziele besser sind als überhaupt keine Ziele, aber die meisten Menschen neigen dazu, sich unter Wert zu verkaufen, wenn sie ein Ziel auswählen, das für ihre Fähigkeiten zu einfach ist.

3. Die beste Strategie für jeden Reiter auf jedem Ausbildungsstand ist die, ein Ziel auszuwählen, das sowohl eine Herausforderung darstellt als auch genau festgelegt ist. Beispiele für diese Form der Zielsetzung sind: Konzentrieren auf ein bestimmtes Ergebnis, wie z. B. eine fehlerfreie Springprüfung; eine spezielle Taktik, um eine komplizierte Kombination in einer Geländeprüfung zu bewältigen; sichere Lektionen in einer Dressurprüfung oder auch eine bestimmte Plazierung auf einem Turnier. Ob das Ziel in vollem Umfang erreicht wurde, dient als positiver Indikator beim Festlegen neuer Ziele für die Zukunft. Wir sagen den Leuten, daß sie ihre Ziele ein wenig höher setzen sollen, um sich mehr anzustrengen. Denn schlußendlich gilt, der Mensch wird niemals etwas erreichen, wovon er nicht träumt. 1996 haben wir den Teilnehmern an Olympischen und Para-Olympischen Spielen sehr viel Zeit gewidmet. Bei einer Diskussion über ihre Absichten und Ziele erkannten viele der Sportler, daß sie ihre Ziele viel zu niedrig angesetzt hatten und versuchten daraufhin, sie mit gesteigerten Anforderungen neu abzustecken.

Sich schwierige Ziele zu setzen ist riskant, aber es macht den Reiter schwach, wenn er sein Potential unterschreitet. Es folgt nun eine Zusammenfassung der Kriterien, anhand derer er den Zielsetzungsprozeß entwickeln oder überprüfen kann.

Kriterien zur Findung der richtigen Lang- und Kurzzeitziele

- Langzeitziele sollten unter der Anleitung eines professionellen und engagierten Trainers festgelegt werden. Faktoren wie ein geeignetes Pferd und geeignete Trainingsmöglichkeiten sowie mögliche Einschränkungen bezüglich Zeit und Geld sollten dabei in Betracht gezogen werden.
- Nachdem die Langzeitzielrichtung festgelegt worden ist, ist eine Kurzzeitbewertung notwendig, um sich beständig auf die Langzeitziele zuzubewegen. Das Erreichen der Kurzzeitziele bringt den Reiter den Langzeitzielen näher.
- Nach Erreichen sollte das Langzeitziel nochmals überarbeitet werden, um weiterhin Motivation und Zielrichtung zu gewährleisten.

Umsetzung der Ziele

Jeder legt täglich neue Ziele fest. Einige davon sind Langzeitziele, andere überarbeiten und ändern wir jeden Tag. Es stellt sich die Frage, ob wir uns genug anstrengen und das richtige tun, um sie zu erreichen. Der erste Schritt besteht darin, daß wir erkennen, was wir dafür tun müssen. Als ein Teil der Entwicklung müssen wir uns über unsere inneren Gefühle und emotionalen Probleme klar werden und dann entsprechende Taktiken entwickeln, um es mit den bevorstehenden Herausforderungen aufnehmen zu können.

Aufgabe 8

Schreibe nun, nach dem Rückblick auf die grundsätzlichen Prinzipien der Zielsetzung, Dein Ziel für die Zukunft aus Aufgabe 5 auf. Es sollte ein Ziel sein, das genau bestimmt ist und eine Herausforderung darstellt. Finde als nächstes vier positive Thesen, die Dir helfen, dieses Ziel zu erreichen. Ein angehender Vielseitigkeitsreiter, der ein wenig Angst vor den Hindernissen hat, könnte sich z. B. das Ziel setzen, ein mutiger (angreifender) und begabter Geländereiter zu werden. Jede These sollte sich auf einen bestimmten Aspekt bezüglich Fortschritt und Erreichen der gesetzten Ziele konzentrieren und eine positive Bestätigung sein. Die Thesen können z. B. sein: „Ich bin ein starker und mutiger Reiter" oder „Ich bin ein tapferer und sicherer Reiter".

Aufgabe 9

Schreibe nun die Ziele und Thesen auf fünf oder sechs Karteikarten, dabei sollte das Ziel oben stehen. Verteile die Karten so, daß Du sie mehrmals am Tag sehen kannst. Lies die Karte jedesmal, wenn Du an einer vorbeikommst. Nutze diese Gelegenheit auch dazu, Dir jedes Ziel mindestens einmal am Tag direkt vorzustellen, um so die Wohltat zu erleben und den Stolz zu fühlen, wenn Du das Ziel tatsächlich erreichst. Diese Übungen werden Dich immer daran erinnern, was Du erreichen willst. Sie helfen Dir, Dich darauf zu konzentrieren.

Fallstudie

Vor ein paar Jahren haben wir die Leitung für ein Turniertrainingsprogramm für talentierte junge Reiter übernommen. Die Ausbildungsstände waren unterschiedlich: Einige starteten bereits für ihre Nation, andere bereiteten sich auf ihr erstes Turnier vor. Während der ersten Woche setzten wir uns alle zusammen und sprachen sowohl über unsere Wünsche und Ambitionen im Hinblick auf die kommende Saison als auch über unsere Langzeitziele. In der Gruppe waren zwei schüchterne und ängstliche Reiter, die vor dem Springen und vor Turnieren etwas Angst hatten. Nichtsdestotrotz wollten sie ihre eigenen Grenzen überwinden und sowohl einfache Parcoure springen als auch an Turnieren teilnehmen. Beim Gespräch über ihre Ziele unterstützten und ermutigten die anderen Teilnehmer die beiden. Da die beiden sehr gute Freunde waren, ermutigten wir sie dazu, gemeinsame Thesen zu entwickeln. Da sie wußten, daß sie ihre Ängste überwinden mußten, um ihre Ziele zu erreichen, schrieben sie auf ihre Karteikarten „Wir sind die Zwillingskämpfer", „Wir sind mutig", „Wir geben nicht auf". Sie hingen ihre Karten im Waschraum auf, bei den Sätteln, an den Boxentüren ihrer Pferde, an den Betten und überall, wo sie sonst noch des öfteren am Tag vorbeikamen. Innerhalb von zwei Wochen sprangen diese beiden ganze Parcoure und kurze Zeit später gewannen sie jede Springprüfung, an der sie teilnahmen.

Nachdem wir mit diesen beiden Reitern gearbeitet haben, wurde uns klar, daß wir ihnen zu Dank verpflichtet sind. Schüler und Lehrer wußten gleichermaßen, daß sie sich Ziele setzen müssen, die für den einzelnen eine Herausforderung darstellen, um Fortschritte zu erzielen. Keiner von uns war sich darüber bewußt, wie wichtig es ist, sich seinen Ängsten zu stellen und sie zu überwinden, um vorwärts zu kommen, bis die „Zwillingskämpfer" uns zeigten, wie sie ihre Ängste überwanden. Es ist völlig normal, sich während seiner Bestrebungen vor schwierigen Herausforderungen zu fürchten. Aber einige Menschen kehren ihren Ängsten den Rücken zu, sie laufen vor ihnen davon und vereiteln so gute Leistungen als Reiter und als Individuum. Erfolgreiche Menschen wissen, daß die Angst vor dem Unbekannten nur bewältigt werden kann, indem sie sich ihr stellen und daran arbeiten.

Reiten ist eine Möglichkeit, seine Fähigkeiten zu prüfen und seine Grenzen zu erweitern. Aber der Reiter sollte immer daran denken, den Rat eines bewanderten und qualifizierten Trainers zu suchen, um die Herausforderungen in geeigneten Schritten zu bewältigen.

Bis hierhin haben wir besprochen, wie wichtig Metaphorik (Vorstellung) und Zielsetzung ist. Beide Komponenten spielen eine zentrale Rolle, wenn es darum geht, Spaß zu haben und gute Leistungen zu erbringen. Die Vorstellung gibt uns ein positives Bild von und eine gewisse Vertrautheit mit den Zielen in der Reiterei und im Leben. Dies haben wir zuerst besprochen, da unsere Zukunftsvisionen oft als flüchtige Gedanken in Form von Tagträumen beginnen. Wenn unsere Träume dann in eine bestimmte Richtung gehen, nennen wir sie Ziele, sowohl auf lange als auch auf kurze Sicht. Folglich sind unsere Vorstellungen ein positiver Beginn für verbesserte Leistungen – aber auch nur das. Nachdem wir unsere Ziele erkannt haben, planen wir die Reise, die uns zu ihnen führt. Dies erfordert eine klare Zielrichtung und Konzentration. Deshalb befaßt sich das nächste Kapitel mit dem Entwickeln von **Zielrichtung** und Konzentrationsfähigkeit.

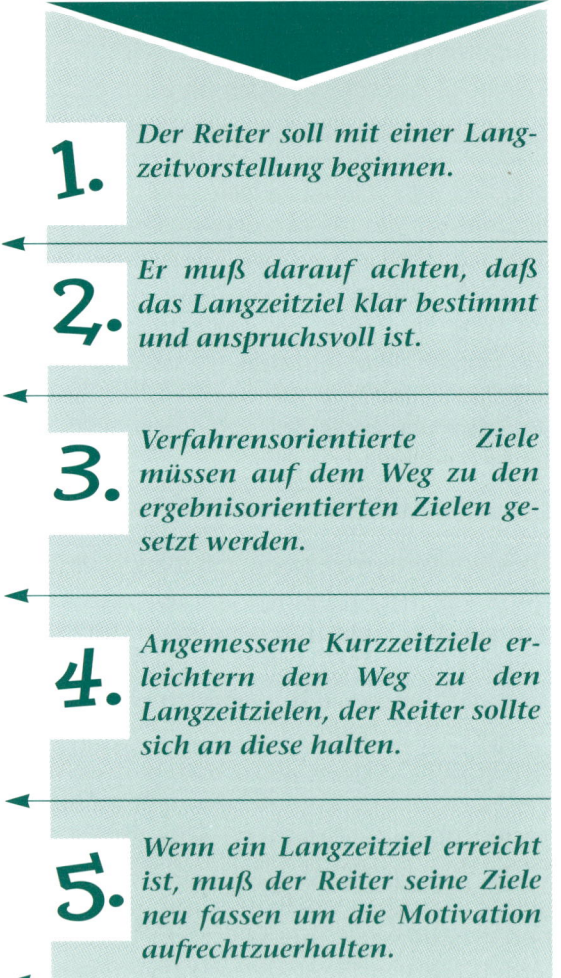

1. Der Reiter soll mit einer Langzeitvorstellung beginnen.

2. Er muß darauf achten, daß das Langzeitziel klar bestimmt und anspruchsvoll ist.

3. Verfahrensorientierte Ziele müssen auf dem Weg zu den ergebnisorientierten Zielen gesetzt werden.

4. Angemessene Kurzzeitziele erleichtern den Weg zu den Langzeitzielen, der Reiter sollte sich an diese halten.

5. Wenn ein Langzeitziel erreicht ist, muß der Reiter seine Ziele neu fassen um die Motivation aufrechtzuerhalten.

Gezielte Konzentration

Klettere weiter, wie mühsam es auch ist,
es ist vielleicht nur noch ein Schritt bis zum Gipfel.

Diane Westlake

Nachdem wir uns einige bestimmte Ziele für unser Reiten gesetzt haben, ist der nächste logische Schritt, die Fähigkeit zu entwickeln und zu verbessern, die täglichen und zukünftigen Ziele im Auge zu behalten. Obwohl es sich einfach anhört, ist es doch ziemlich schwierig, die Konzentration auf seine Bemühungen zu erhalten.

Wenn wir mal zurückdenken, können wir uns wahrscheinlich alle daran erinnern, daß wir mit dem Auto fuhren oder geritten sind, während unsere Gedanken ganz woanders waren. Wie oft sind wir z. B. mit unserem Pferd ausgeritten und haben gleichzeitig an das gedacht, was während des Tages alles passiert ist. Während wir tief in Gedanken versunken waren, ist das Pferd weitergelaufen, und bevor wir uns versahen, waren wir zum Stall zurückgekehrt und fragten uns, wo die Zeit geblieben war. Folglich haben wir wahrscheinlich weder die Möglichkeiten genutzt, die Umgebung zu betrachten, noch haben wir mit unserem Reitgefährten – unserem Pferd harmoniert.
Diese Momente, in denen wir geistesabwesend sind, beeinträchtigen unweigerlich die Qualität unseres Reitens. Schließlich kann der Mensch seine Ziele nicht erreichen, wenn er in Situationen, die eine bewußte Konzentration erfordern, ziellos vom Thema abschweift. Deshalb ist die Konzentration ein notwendiges Werkzeug zur Steigerung unserer Leistungen und erleichtert uns den Weg zu unseren Zielen. Wir wollen nun untersuchen, wie die unterschiedlichen Stufen der Konzentration uns als Reiter unterstützen oder beeinträchtigen.

Grundlegende Konzentrationsfähigkeit beim Reiten
Reiten ist auf jedem Ausbildungsstand ein Sport, der uns lehrt, unsere Konzentrationsfähigkeit zu steigern. Als Anfänger sind wir vorsichtig und wachsam im Umgang mit dem Pferd, teilweise wegen ihrer Größe und auch, weil man uns dazu geraten hat. Uns wird gesagt, wir sollen uns an der Gesellschaft des Pferdes erfreuen, werden aber auch daran erinnert, nicht zu nah an bestimmte Pferde heranzugehen, um zu vermeiden, daß wir geschlagen, getreten oder gebissen werden. Diese wiederholten Warnungen führen zu erhöhter Wachsamkeit. Später, wenn wir erfahrener geworden sind, werden wir immer wieder ermahnt, nicht zu nachlässig mit unserem vierbeinigen Partner umzugehen.

Schließlich entscheiden sich einige von uns für die anspruchsvolleren reiterlichen Disziplinen. In jeder wird dann deutlich, daß eine sorgfältig entwickelte Konzentration notwendig ist, wenn wir gut sein wollen – und teilweise eben auch, weil unser Pferd genau das fordert.

Das Pferd: unser harmonischer Partner

Das Pferd ist ein sehr sensibles Wesen, das auf eine einzigartige und aufrichtige Art dem Reiter seine Bedürfnisse mitteilt. Der Mensch teilt dem Pferd ebenfalls seine Bedürfnisse mit. Manchmal können wir unsere Gefühle vor dem Rest der Welt verbergen, sogar vor uns selbst. Wir nehmen vielleicht Ärger, Sorgen, Verblüffung, Begeisterung oder Erregung mit, wenn wir auf unser Pferd steigen. Das sind Gefühle, die wir vor unseresgleichen für eine kurze Zeit verstecken können, vielleicht auch länger. Pferde haben, teilweise durch ihren kinetischen Sinn, ein starkes Bewußtsein für unsere Gefühle, und diese sind es oft, die für einen Ritt ausschlaggebend sind. Trotzdem stellen wir strenge Erwartungen an unser Pferd, wir erwarten, daß es sich gut benimmt, daß es aufmerksam bleibt und ein williger und gelöster Partner ist, ungeachtet unserer eigenen Stimmung und unseres emotionalen Zustandes. Auch das Pferd hat starke Erwartungen, und weil es nicht sprechen kann, zeigt es diese lediglich durch das, was es tut und wie es sich verhält. Genau wie ein eifersüchtiger menschlicher Partner oder ein kleines Kind absolute Konzentration und Liebe verlangt, fordert das Pferd eine vergleichbare intensive Aufmerksamkeit. Das Pferd muß sich verstanden und beachtet fühlen, um sein Bestes geben zu können. Als Gegenleistung für unsere ungeteilte Aufmerksamkeit arbeitet das Pferd bereitwillig mit, aber sobald wir nicht mehr mit ihm in Verbindung stehen, wird es unaufmerksam und verweigert die Mitarbeit. Kurz gesagt sind sie ungefähr so wie Tänzer, die sich einen einfühlsameren Partner wünschen. Denn schließlich ist Reiten vergleichbar mit Tanzen. Wenn ein Partner sich nicht auf die Gedanken und Gefühle des anderen konzentriert, wird der Tanz zu einer steifen, gezwungenen Abhandlung zwischen zwei Einheiten. Im wesentlichen ist das ultimative Ziel einer Pferd-Reiter-Verbindung ein Grad der Übereinstimmung, bei der zwei Einheiten eins werden und das Ganze dann besser ist als die Einzelteile.

Aufgabe 10

Um unsere Leistungen zu steigern, müssen wir ein starkes Verständnis dafür entwickeln, wie wir unsere Konzentrationsfähigkeit und die unseres Pferdes verbessern können. Versuche, während des ersten Teils der folgenden Übung, eine Methode zu finden, die die Leistungen in Deiner Pferd-Reiter-Partnerschaft in der Vergangenheit gefördert hat. Diese Methode sollte auch die Wünsche und Emotionen beinhalten, die beim Reiten auftauchen.

Erstelle auf der Grundlage der oben angestellten Überlegungen eine generelle Philosophie, von der Du glaubst, daß sie die Konzentrationsfähigkeit in der Pferd-Reiter-Partnerschaft in Zukunft steigert, und probiere sie dann aus. Mache Dir hinterher Notizen darüber, welche Komponenten der Strategie funktioniert haben und welche noch verbessert werden müssen.

Allgemeine Konzentrationsschwächen

Auf allen Ausbildungsstufen gibt es Unterschiede darin, wie stark die einzelnen Reiter darum bemüht sind, sich auf ihre Ziele zu konzentrieren. Einige setzen sich Ziele und bewegen sich unbeirrt auf diese zu. Sie ignorieren jede Form von Ablenkung oder von negativen Einflüssen, um sich ihren Traumvorstellungen zu nähern. Andere wiederum sind nie richtig darauf konzentriert, entweder weil sie vergessen haben, sich eigene Ziele zu setzen, oder weil sie sich keine setzen wollen. Beide Gruppen haben keine Richtung, auf die sie sich konzentrieren können.

Es gibt andere Reiter, die oft zerstreut sind und als Folge davon ihre anfänglichen Ziele vergessen. Diese Reiter brauchen in der Regel mehr Übung darin, abschweifende Gedanken und Ablenkungen während des Trainings herauszufiltern. Ein Reiter, mit dem wir arbeiteten, widmete seine Gedanken beim Reiten oft der Schule und seiner Familie und konzentrierte seine Aufmerksamkeit in der Schule meistens auf sein Pferd oder seine Familie. Die Folge war, daß er sich weder auf sein Pferd noch auf die Schule richtig einstellte. Langsam aber sicher begann das Pferd schlechter zu laufen, bis schließlich aus lauter Ärger, Frustration und völligem Widerwillen nichts mehr funktionierte. Wir können jedoch glücklicherweise anmerken, daß wir auch mit Reitern gearbeitet haben, die ein besonderes Verhältnis zu ihrem Pferd gepflegt haben und dadurch einen kometenhaften Aufstieg in die höchste turnierreiterliche Ebene geschafft haben – die Olympischen Spiele.

Fallstudie

Während unserer Erlebnisse als Trainer und Sportpsychologen haben wir Schüler gesehen, die viele verschiedene Formen der Konzentration während ihrer reiterlichen Arbeit angewendet haben. Diese Geschichte betrifft ein ehemaliges Mitglied einer Nationalmannschaft, das ein gutes Beispiel für Konzentration und Pflichtgefühl darstellt.

Sie war zehn Jahre alt und galoppierte unkontrolliert auf einem wilden Pony an uns vorbei, als wir sie zum erstenmal sahen. Als wir ihr vorgestellt wurden, stellten wir fest, daß sie etwas Besonderes an sich hatte. Obwohl sie nur wenige Augenblicke vorher von ihrem Pony terrorisiert worden war, dachte sie jetzt schon wieder darüber nach, wie sie es unter Kontrolle kriegen konnte, um für das nächste Turnier besser zu werden. Drei Jahre später kam sie zu uns, um zu trainieren und Turniererfahrung zu sammeln. Bereits im Alter von dreizehn Jahren war sie nicht zu schüchtern, um zu sagen, daß sie sich auf ganz große Turniere vorbereiten wollte. Das war es, worauf sie sich konzentrierte. Im nächsten Jahr kam sie wieder zu uns zur weiteren Ausbildung. Ihr Siegeshunger motivierte sie dazu, ihre Pferde auf eine Art und Weise zu reiten und für sie zu sorgen, wie wir sie nie zuvor gesehen hatten. Während viele Teenager durch ihr soziales Umfeld abgelenkt werden, gab es nichts, was diese Reiterin aufhalten konnte. In diesem Jahr wurde sie Landesmeisterin der Jungen Reiter auf einem Pferd, das viele Fachleute als nicht gerade vielversprechend bezeichnet hatten. Aber diese talentierte junge Reiterin glaubte an sich und ihr Pferd und diese Partnerschaft begann jedermanns Erwartungen zu übertreffen. Um die Geschichte kurz zu machen, diese junge Dame wurde im Alter von achtzehn Jahren mit dem gleichen Pferd zum erstenmal Mitglied der Olympiamannschaft. Wenn man über die Fortschritte und Erfolge nachdenkt, wird zweifelsohne deutlich, daß diese Reiterin schon als Kind äußerst talentiert war. Aber was sie zu etwas Besonderem machte, war ihre Fähigkeit, sich täglich auf ihr Ziel, die Teilnahme an den Olympischen Spielen, zu konzentrieren, in Verbindung mit ihrer Entschlossenheit, Geduld und dem Glauben an sich selbst und ihr Pferd.

Jede der in der Fallstudie genannten Qualitäten und Charakterzüge sind wichtig, wenn ein Reiter sich Ziele setzt. Dieses Kapitel befaßt sich jedoch in erster Linie damit, Konzentration zu entwickeln und zu erhalten, deshalb wollen wir nun Wege aufzeigen, Konzentrationsgrade und -fähigkeiten zu verbessern.

Verbesserung der Konzentrationsfähigkeit

Viele Reiter und Sportler glauben, daß ihre besten Leistungen auf einem Zufall beruhen. Oft werden wir Mitgliedern eines Nationalteams vorgestellt, die daran glauben, daß sie an einem guten Tag nichts von ihrem Ziel abbringen kann. Umgekehrt haben wir alle schon von Weltklassereitern gehört, die während jedes Wettbewerbs vollkommen unerschütterlich sind. Diese Menschen sind so vertieft in ihre Aufgaben, daß für sie während einer Prüfung nichts anderes existiert als sie selbst und ihr Pferd. Wenn wir selbst mal zurückdenken, werden wir uns zweifellos an Zeiten erinnern, in denen wir vollkommen auf unser Tun konzentriert waren. Genau wie ein Kind, das mit einem neuen Spielzeug spielt, gibt es Momente, in denen wir völlig den Bezug zur Zeit verlieren. Wie das Kind oder der Weltklassereiter, hat jeder von uns die Fähigkeit, sich auf etwas zu konzentrieren. Es geht nur darum, daß wir wissen, wie wir totale Konzentration erlangen. Bei der Arbeit mit Hochleistungssportlern bezüglich der Steigerung ihrer Konzentrationsfähigkeit, fordern wir diese auf, sich an kürzlich gemachte Erfahrungen zu erinnern, bei denen sie voll konzentriert waren. Dann bringen wir sie dazu, solche Ereignisse mit bestimmten Emotionen und vorbereitenden Strategien zu verbinden, so daß sie sich ganz nach Wunsch in einen konzentrierten Zustand versetzen können. Es ist der Zweck der folgenden Übung, dem Reiter dabei zu helfen, dieselben Fähigkeiten zu nutzen.

Aufgabe 11

Nimm Dir ein paar Minuten Zeit und denke an ein Ereignis in der kürzlichen Vergangenheit zurück, bei dem Du vollkommen auf Dein Handeln konzentriert warst. Beachte dann, wie Du gehandelt hast und in welchem Gemütszustand Du Dich dabei befandest. Überschlage grob, wie lange Du Dich vollkommen auf Deine Aufgabe konzentriert hast.

Konzentration kann mit individuellen Verhaltensweisen und Stimmungen verbunden sein, und das gleiche gilt bei einem Mangel an Konzentration – wenn man zerstreut ist. Einige Reiter sind z. B. zerstreut, wenn sie übermäßig beunruhigt sind, bevor sie etwas ausprobieren. Deshalb fordern wir die Reiter oft auf, Situationen, Emotionen und Stimmungen zu benennen, die vor und während konzentriertem Arbeiten aufgetreten sind. Die zusammengetragenen Informationen machen jene Emotionen und Verhaltensweisen deutlich, die sie vermeiden sollten, wenn sie ihr Bestes geben möchten.

Aufgabe 12

Nimm Dir ein paar Minuten Zeit und denke an einen Moment in Deiner kürzlichen reiterlichen Vergangenheit zurück, in dem Du unkonzentriert und zerstreut warst. Beachte, wie Du gehandelt hast und in welcher Stimmung Du warst. Denke über Deine Emotionen vor und während dieses schwierigen Rittes nach.

Nachdem wir festgestellt haben, wie Konzentration oder Unkonzentriertheit auftritt und wie sich das anfühlt, ist es wichtig, darüber zu sprechen, wie negative Konzentration entsteht und wie wir sie ins Positive umwandeln können.

Der Umgang mit Konzentrationsproblemen

Jeder Reiter, vom Anfänger bis hin zum vollendeten Reiter, erfährt von Zeit zu Zeit, was es bedeutet, Konzentration zu entwickeln oder wiederzuerlangen. Die eigentliche Frage besteht darin, inwieweit wir imstande sind, mit dem Verlust unserer Aufmerksamkeit umzugehen. Manche Reiter, egal ob als Freizeitreiter, während des Trainings oder auf einem Turnier, erleben eine „absteigende Tendenz", wenn ein kurzzeitiges Nachlassen der Konzentration eine Kettenreaktion auslöst, die dazu führt, daß sie weit unter ihrem eigentlichen Potential reiten. Dies könnte z. B. bei einem Reiter der Fall sein, der sein Pferd für eine Dressurprüfung abreitet. Genau in dem Moment, wenn Pferd und Reiter beginnen, sich in ihre Arbeit zu vertiefen, kommt ein unwissender Zuschauer vorbei und öffnet einen Regenschirm. Für den Bruchteil einer Sekunde wird der Reiter durch das Mißgeschick des Zuschauers abgelenkt und konzentriert sich dadurch auf den Zuschauer, über den er sich ärgert. Beeinflußt durch eine Situation, für die der Reiter selber nicht verantwortlich ist, wurde er verärgert und nervös, und das Pferd reagiert, indem es vor dem Schirm und dem Ärger seines Reiters zurückschreckt. In diesem Moment gerät der Reiter in einen Konflikt mit seinem Pferd und entscheidet sich womöglich dazu, das Pferd zu bestrafen, anstatt sich an erlernte Konzentrationsmöglichkeiten zu erinnern und daraufhin anders zu handeln. Das Pferd regt sich zunehmend auf, der Reiter wird sofort noch ärgerlicher und was eigentlich eine sehr gute Leistung zu werden versprach, endet in einem sehr schlechten Ergebnis.

Aber ärgerliche Situationen müssen nicht zwangsläufig zu schlechten Leistungen führen. Tatsächlich sehen viele Weltklassesportler aller Sportarten Mißgeschicke als eine Art Test für sich selbst, ob sie in der Lage sind, eine Situation trotz widriger Umstände zu meistern. Solche

Herausforderungen können motivierend sein und, wenn der Reiter sie als Hindernisse sieht, die zu bewältigen sind, sogar zu Höchstleistungen führen. Wenn die Herausforderung, sich zu konzentrieren, positiv gesehen wird, ist das der Beginn einer „Aufwärtstendenz". Ein Pferd kann z. B. zu Beginn des Abreitens lebhafter sein als sonst, und der Reiter findet das schrecklich. Dann kann der Reiter versuchen, die überschüssige Energie seines Pferdes für sich zu nutzen und es dazu bringen, sich mit mehr Vorwärtstendenz schöner und harmonischer und mit mehr Schwung und Ausdruck zu bewegen.

Wenn wir uns über die eigenen Stärken und Schwächen unserer Konzentrationsfähigkeit klar werden, wird deutlich, daß wir die Kraft haben, selber zu entscheiden, wie und wann wir uns konzentrieren und wie wir unsere Energien in die richtige Richtung lenken. Die Möglichkeiten schwanken jedoch zwischen positiver und negativer Konzentration und gleichzeitig ist eine geteilte oder vollkommene Aufmerksamkeit von großer Bedeutung. Um eine positive und völlige Konzentration zu erreichen, die uns bessere Ergebnisse ermöglicht, müssen wir eine Strategie entwickeln, die für uns am besten geeignet ist. Dies erfordert fest entschlossene Bemühungen, die von einigen Sportpsychologen als „bewußte Aufmerksamkeit" bezeichnet wird.

Reiten mit bewußter Aufmerksamkeit

Das Steigern der Konzentrationsfähigkeit erfordert genau wie bei anderen Fähigkeiten intensive Bemühungen, wobei die Zielrichtung entsprechend dem reiterlichen Tagesziel variiert. Manchmal reitet der Mensch zur Erholung und Entspannung. In diesem Fall geht es darum, insbesondere bei denjenigen, die unter Streß stehen, die Natur zu genießen und einfach mal von der Arbeit oder vom Büro wegzukommen. In einem anderen Zusammenhang, wie z. B. dem Reitschulmilieu, liegt das Ziel darin, bestimmte reiterliche Fertigkeiten unter der Anleitung eines Reitlehrers zu verbessern. Beide Formen des Reitens sowie auch jede andere erfordern die gleiche bewußt konzentrierte Aufmerksamkeit, um die angestrebten Ziele zu erreichen.

Die Methode zur Steigerung der bewußten Aufmerksamkeit ist ziemlich einfach – der Reiter muß sich nur an seine Ziele halten, darf sie nicht aus den Augen verlieren. Vor jedem Ritt muß er sich ein klares Ziel setzen. Für die erste Zeit empfehlen wir, das Ziel auf einen kleinen Zettel zu schreiben und ihn in eine Tasche zu stecken, auf die man jederzeit Zugriff hat. Als nächstes sollte er darüber nachdenken, welche Emotionen und Perspektiven er während eines angenehmen Rittes in der Vergangenheit hatte. Diejenigen, die sich nicht an die Einzelheiten erinnern, können nochmal in Aufgabe 11 nachschauen. Wenn der Reiter ein Ziel für seinen Ritt gefunden hat, sollte er aufsteigen und dabei immer an dem gesetzten Ziel festhalten. Jedesmal, wenn er sein Ziel aus den Augen verliert, kann er den Zettel aus der Tasche nehmen, sich das notierte Ziel einen Moment lang anschauen, es sich in Gedanken vorstellen und sich so zu seinem Ziel zurückführen lassen.

Aufgabe 13

Bearbeite nach Beendigung dieses Rittes folgende Fragen. Das wird Dir helfen, beim nächstenmal besser zu reiten, indem Du ein stärkeres Bewußtsein dafür bekommst, was Du richtig gemacht hast und zudem erhältst Du ein paar Hinweise auf die Dinge, die Du in Zukunft vermeiden solltest.

1. *Welches Ziel hatte Dein Ritt?*
2. *Warst Du in der Lage, Dein Ziel während des ganzen Rittes weiter anzustreben?*
3. *War es Dir möglich, positive Emotionen und Erinnerungen aus vorausgegangenen Ritten wieder aufleben zu lassen?*
4. *Konntest Du, zumindest teilweise, einen optimalen Gemütszustand und eine positive Konzentration aufrechterhalten? Wenn ja, wie lange?*
5. *Gab es bedeutende Unterschiede in der Qualität Deiner Leistungen, als Du Dich in einem optimalen Gemütszustand befandest und vergleichsweise dazu in anderen Momenten? Wenn ja, finde diese heraus.*
6. *Gab es Momente, in denen Deine Konzentration gelitten hat, in denen Du zerstreut warst? Erkläre, was vor und während dieser Zeit passierte.*
7. *Wirst Du Teile Deiner Konzentrationstechnik überarbeiten und erneuern, um beim nächstenmal besser zu reiten? Indem Du das tust, entwickelst Du eine neue Konzentrationsmethode.*

Das Wiedererlangen der Konzentration durch Selbstgespräche
Konzentrationstechniken sind wichtig für verbessertes Reiten. Zugleich können positive Methoden zur Wiedererlangung verlorengegangener Konzentration entwickelt werden, um die Leistungen zu steigern. Um schwierige Umstände ins Positive umzukehren, brauchen wir oft nur etwas gesunden Menschenverstand und einige leicht erlernbare Methoden.
Bei zahlreichen Gelegenheiten verlieren wir unsere Konzentration und sind dann frustriert, weil wir es nicht schaffen, uns erneut zu

konzentrieren. Als Ergebnis davon führen wir oft negative Formen des Selbstgesprächs wie „Ich gebe auf", „Vergiß es", „Ich kann das nicht", „Warum bin ich eigentlich hier" oder „Das ist hoffnungslos". Diese Art von Selbstgesprächen entnerven uns und machen uns schwach, sie dienen einzig und allein dazu, uns von unseren Zielen abzubringen, sowohl beim Reiten als auch im normalen Leben: Kurz gesagt, sie fördern die zuvor besprochene Abwärtstendenz. Um wieder eine Aufwärtstendenz zu bekommen, müssen wir positive Worte gebrauchen, die unsere Leistungen bestärken.

Aufgabe 14

Stelle bei Deinem nächsten Ritt einige Versuche mit Selbstgesprächen an. Versuche Dein Pferd möglichst effektiv zu reiten, während Du an Worte und Redewendungen mit positiver Bedeutung denkst: „außergewöhnlich", „gut gemacht" oder „auf dem richtigen Weg". Beachte, wie Deine Muskeln, Deine Körperhaltung und Deine Gefühle von diesen positiven Worten positiv beeinflußt werden. Bewerte Deine Leistungen anhand folgender Kriterien, nachdem Du die o. g. Strategie angewandt hast:

Stimmung:

Selbstvertrauen:

Elastizität der Muskeln:

Reiten unter Ausnutzung des vollen Potentials:

Freude am Reiten und am Pferd:

Zielsetzung:

Motivation für den nächsten Ritt:

Zusammenfassend kann man sagen, daß der Gebrauch von positiven Worten und Redewendungen auf zweierlei Weise hilfreich ist: Einerseits können sie tonangebend für einen Ritt sein, andererseits dienen sie immer wieder dazu, sich neu zu konzentrieren.

Wenn der Reiter sich auf einen Ritt einstellt, sollte er sich nochmal die positiven Thesen auf den Karten aus Aufgabe 6 und 7 durchlesen. Sportler, die erfolgreich mit dem Gebrauch positiver Worte gearbeitet haben, fanden heraus, daß Konzentration sofort möglich ist oder auch wiedererlangt werden kann, sofort nachdem sie diese Worte aussprachen. Allerdings sollte immer bedacht werden, daß diese Art von Selbstgesprächen, genau wie alle anderen Fertigkeiten, regelmäßig geübt werden muß, um effektiv zu sein.

Trainieren mit möglichen Ablenkungen

Viele Turnierreiter und Wettkämpfer in allen Sportarten entwickeln Pläne zur Erhaltung der Konzentration, die darauf gerichtet sind, mit Ablenkungen und dem Wiedererlangen der Aufmerksamkeit umgehen zu können. Das kann der Reiter machen, indem er eine Liste mit möglichen Ablenkungen, die auf Turnieren auftreten können, anfertigt und dann einen Plan entwickelt, wie er damit umgeht.

Ein Dressurreiter kann z. B. jemanden darum bitten, während der Reitstunde oder irgendwelcher Übungen einen Regenschirm zu öffnen und zu schließen. Andere simulierte Ablenkungen könnten sein, einen Hund in die Bahn laufen zu lassen, an einem windigen Tag ein paar Blätter Papier während des Reitens in die Luft zu werfen oder komische Geräusche abspielen zu lassen. Ein Freizeitreiter könnte z. B. auch mit möglichst vielen anderen Reitern zusammen auf dem Platz reiten.

Diese Übungen dienen dazu, die Fähigkeit zu testen, ob der Reiter sich weiterhin konzentrieren kann, und vermitteln ihm außerdem ein gewisses Gefühl des Selbstvertrauens bezüglich der Fähigkeit, mit Ablenkungen umgehen zu können.

Für den Turnierreiter können während der Vorbereitungszeit auf die Turniersaison Ablenkungen hinzugefügt werden, die eigentlich den normalen Alltag wiederspiegeln. Naheliegend wäre z. B. die Zeit zum Abreiten um zwanzig Minuten zu verkürzen, so als ob er zu spät auf dem Turnierplatz angekommen ist. Bei Dressur- oder Vielseitigkeitsreitern könnte z. B. jemand eine gereizte Aufsichtsperson spielen, die die Ausrüstung überprüft, direkt bevor sie zum Üben der Turnieraufgabe einreiten. Ein Springreiter könnte das Abreiten für eine Springprüfung üben, während ständig alle anderen Reiter das Abreithindernis anreiten wollen. Jeder Reiter in jeder Disziplin hat besondere Möglichkeiten, seine Konzentrationsfähigkeit zu testen und zu verbessern. Kurz gesagt geht es darum zu erkennen, welche Arten der Ablenkung auf ihn selbst und auf sein Pferd zutreffen und mit welchen Einschränkungen er auf einem Turnier zurechtkommen muß.

Idealerweise sollten Konzentrationstechniken regelmäßig vor dem Beginn der Saison zu Hause geübt werden. Zuerst sollte der Reiter sie während des Wintertrainings in der Sicherheit der gewohnten Umgebung üben. Für den Turnierreiter sollten sie später beim Üben von Turnieraufgaben integriert werden. Dieses Vorgehen hilft dabei, ein automatisches Umgehen von auftretenden Ablenkungen zu entwickeln, egal in welcher Disziplin. Die drei folgenden Aufgaben sollen dazu dienen, Vorgehensweisen zu finden, wie mit den jeweiligen Umständen umgegangen werden kann.

Aufgabe 15

Denke ein paar Minuten nach und schreibe dann einige Ablenkungen auf, die Dich in der Vergangenheit aus der Ruhe gebracht haben.

Aufgabe 16

Versuche als nächstes Vorgehensweisen zu finden, die Dir helfen, mit den vier am häufigsten auftretenden Ablenkungen umzugehen.

Aufgabe 17

Nachdem Du einige Ablenkungen gefunden und eine Handlungsmethode dafür erarbeitet hast, wähle nun zwei davon aus und führe sie in der Sicherheit des heimatlichen Stalles durch. Dabei sollte Dich Dein Trainer oder ein sachkundiger Reiter beaufsichtigen. Nimm Dir nach Beendigung ein paar Augenblicke Zeit, um festzustellen, ob Du während jeder Ablenkung konzentriert geblieben bist. Schreibe Dir Details auf, wie Du die Technik, mit diesen Ablenkungen umzugehen, für den nächsten Versuch verbessern kannst.

Auch wenn der Reiter die Ablenkungsübung zum erstenmal vollständig durchgeführt hat, steht noch viel Arbeit bevor. Wenn sich der erste Versuch schlechter als erhofft erwiesen hat, wiederholt er die Übung, bis sie klappt. Er sollte möglichst viele Situationen üben, bis er sich seiner Fähigkeit, seine eigene Konzentration und die seines Pferdes aufrechtzuerhalten, sicher ist. Diese Fähigkeit kann nur durch kontinuierliches Üben und mit viel Geduld entwickelt werden.

Zusammenfassung

In diesem Kapitel haben wir eine Vielzahl von Problemen bezüglich Konzentration, Lösungsmöglichkeiten und Übungen aufgezeigt.
Der erste Teil des Kapitels befaßt sich hauptsächlich mit der allgemeinen Tendenz, mit unterschiedlichen Konzentrationsgraden zu reiten. Dann betrachteten wir die Tatsache, daß wir vom Pferd konzentrierte Aufmerksamkeit erwarten und das Pferd gleichermaßen zu jeder Zeit eine ungeteilte Aufmerksamkeit von uns fordert, um als Team arbeiten zu können. Wenn einer der beiden Partner unkonzentriert wird, leidet die Leistung von beiden unweigerlich darunter. Deshalb bezieht sich jede in diesem Buch angesprochene Methode zur Förderung der Konzentration auf beide Partner – und zwar im Hinblick darauf, die Leistungen der Pferd-Reiter-Kombination zu steigern.

Die Vorschläge zur Verbesserung der Konzentrationsfähigkeit begannen mit Anregungen, wie der Reiter negativen Situationen entgegenwirken und sie ins Positive umwandeln kann. Anregungen zur schrittweisen Verbesserung der Konzentration wurden für den Freizeitreiter, für das Training und für das Turnier gegeben. Gleichzeitig wurde betont, daß ein Bewußtsein dafür entwickelt werden muß, wie, wann und warum die Konzentration während des Reitens nachläßt. Auch

1. *Konzentrationstechniken müssen täglich geübt werden.*

2. *Es ist wichtig, Konzentrationstechniken zu entwickeln, die die Leistungen steigern und nicht beeinträchtigen.*

3. *Die Konzentration läßt bei jedem zeitweise nach. Dafür gibt es spezielle Möglichkeiten zur Wiedererlangung der Konzentration, die angewendet werden können.*

4. *Positive Selbstgespräche können angewandt werden, um eine positive Konzentration zu erneuern.*

5. *Selbstgespräche und Schlagworte können in schwierigen Momenten hilfreich genutzt werden.*

6. *Konzentration ist im wesentlichen „bewußte Aufmerksamkeit".*

wenn wir bis jetzt nur kurz darauf eingegangen sind, so erfordert die Fähigkeit, sich zu konzentrieren, doch ein optimales Maß an Energie. Deshalb müssen wir den richtigen Grad an Entspannung und Aktivierung erreichen, den wir für uns und unser Pferd in jeder Disziplin einsetzen können. Schaffen wir das nicht, kann eines der beiden folgenden Probleme auftreten. Einerseits werden wir (und unser Pferd) hyperaktiv und nervös: Ein erhöhter Grad an Energie beeinflußt unsere **Konzentration** in der Form, daß wir abgelenkt und zerstreut werden.

Wenn wir andererseits zu entspannt sind, werden wir schläfrig und unaufmerksam. Das nächste Kapitel befaßt sich detailliert mit diesen Problemen.

Entspannung – Aktivierung für Höchstleistungen

Der Mensch kann sein Spiegelbild in fließendem Wasser nicht sehen, nur in stillstehendem.

Confucius

Bis hierhin haben wir die wichtige Bedeutung der Vorstellung, der Zielsetzung und der Konzentration auf diese, besprochen. Allerdings wird eine stufenweise Steigerung – und das Konzentrieren darauf – schwierig, bevor wir nicht den für uns geeigneten Energiegrad festlegen können. Wenn wir mehr Erfahrung bekommen, lernen wir, daß Körper und Geist (unserer selbst und unserer Pferde) am besten auf einem ganz bestimmten Level an Energie arbeiten können, der vom individuellen Temperament und den Anforderungen der jeweiligen Disziplin abhängig ist. Um immer wieder Bestleistungen erbringen zu können, müssen wir als erstes lernen, den für uns geeigneten Energiegrad zu finden und dann Methoden entwickeln, diesen Energiegrad bewußt herbeizuführen. Entspannung und Aktivierung sind, genau wie bei den bereits besprochenen Themen, Komponenten unseres täglichen Lebens, auf denen wir mit einem Minimum an Anstrengung aufbauen können. Deshalb ist der Zweck dieses Kapitels, zu untersuchen, wie unterschiedliche Energiegrade unsere reiterlichen Leistungen beeinflussen und zu erklären, wie wir einen idealen Energiegrad unabhängig vom Ausbildungsstand und der bevorzugten Disziplin erkennen und erhalten können.

Die meisten Reiter, vom Anfänger bis hin zum internationalen Turnierreiter, sind nicht in der Lage, einen gleichbleibenden Grad an Energie zu erreichen, der zu ihrem Wesen paßt. Tatsächlich sind einige der Hochleistungssportler, mit denen wir gearbeitet haben, davon überzeugt, daß Glück und Pech für die Ergebnisse ihrer Leistungen verantwortlich sind. Sie behaupten, daß das Ergebnis ihrer guten Leistungen Teil eines Zufallsprozesses ist, bei dem sie zur richtigen Zeit am richtigen Ort waren und bei dem Faktoren eine Rolle spielen, auf die sie keinen Einfluß haben. Aber die beständigsten Sportler kennen den für sie richtigen Energiegrad und haben eine Methode entwickelt, wie sie diesen jederzeit bewußt erreichen können. Im wesentlichen sind wir alle imstande, regelmäßig gute Leistungen zu erbringen, vorausgesetzt wir gehen jeden Ritt mit der gleichen positiven Einstellung und dem richtigen Grad an Energie an.

Die Frage, die sich uns stellt, ist die, wie wir tatsächlich versuchen, den optimalen Energiegrad herzustellen. Bevor wir diese Frage beantworten, wollen wir uns eine kleine Hintergrundtheorie anschauen, wie die persönliche Aktivierung bei allen Lebewesen funktioniert. Es gibt viele Möglichkeiten, den optimalen Aktivierungsgrad festzulegen. Ein bekanntes Model ist die Theorie des „umgekehrten U", die den „optimalen Funktionsbereich" anzeigt.

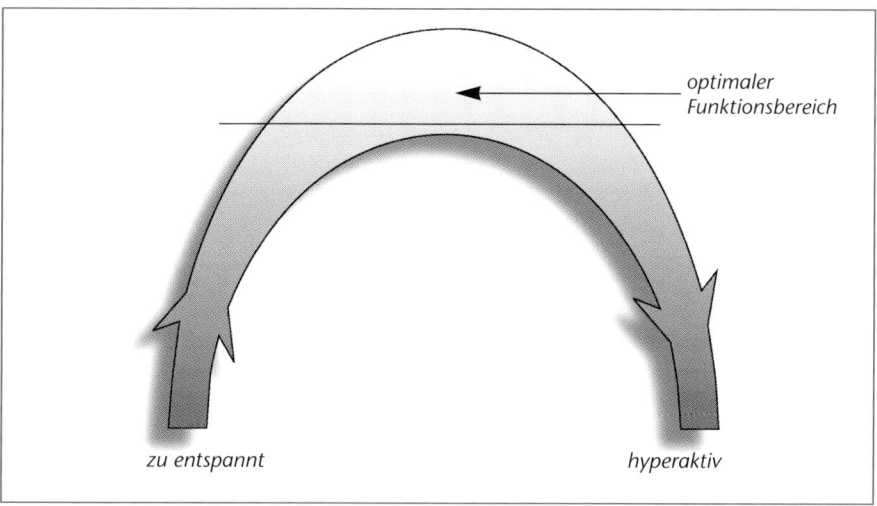

Abbildung 2: Erregungsniveau bei Sportlern

Beim Betrachten der Abbildung 2 erkennen wir, daß unsere Aktivie-
rungsgrade zwischen einem Zustand niedriger und hoher Energie variieren können. Auf der Spitze bzw. dem Mittelpunkt des „umgekehrten U" ist der optimale Funktionsbereich – der Zustand, in dem wir
optimal arbeiten können. Die Bedeutung des Diagramms ist ziemlich
klar: Unser geeigneter Energiegrad befindet sich irgendwo zwischen
den beiden Enden eines kontinuierlichen Prozesses. Die linke Seite
steht für einen übermäßig entspannten, lethargischen Zustand. Einige Reiter, sowohl Freizeit- als auch Turnierreiter, fallen unter diese Ka-
tegorie. Die gegenüberliegende, rechte Seite steht für die Reiter, die
hyperaktiv und deshalb angespannt oder zerstreut sind. Irgendwo da-
zwischen befindet sich jeder in dem für ihn zutreffenden Zustand, in
dem er optimal arbeiten kann. Einige Menschen erbringen Höchstleistungen, wenn sie sich vor einem Wettbewerb/Turnier hochschau-
keln, andere brauchen Entspannungstechniken, um sich zu beruhigen, weil sie sich sonst nicht konzentrieren können.

Aktivierungsgrade beim Reiten

Im Reitsport reagieren einige Menschen auf den durch das reiterliche
Umfeld bedingten Streß, indem sie herumspringen und wie ein Was-
serfall reden. Andere sind schläfrig und nehmen gar nicht wahr, was
um sie herum passiert. Obwohl beide Gruppen durch ihre Art, wie sie
mit dem Streß umgehen, sehr unterschiedlich erscheinen, versuchen
sie eigentlich, mit den gleichen Schwierigkeiten fertigzuwerden und
suchen nach gleichen Antworten. Deshalb können wir nicht voraus-
setzen, daß eine Art auf Streß zu reagieren häufiger auftritt als eine
andere. Ein Zustand extremer Entspannung beeinträchtigt unsere Lei-

stungen in allen Bereichen des Lebens genauso wie ein Zustand über-
höhter Aktivierung. Deshalb sind wir uns darüber einig, daß beides
Hindernisse sind bei unserem Streben nach guten reiterlichen Leistungen.

Fallstudie

*Es ist immer interessant, Reiter in Situationen zu beobachten, die sie
als stressig empfinden. Einige reagieren darauf, indem sie schläfrig
werden. Auf der anderen Seite gibt es den aufgedrehten Reiter, der erst
noch tausend Dinge tun muß, bevor er aufsteigt. Robert war Vielseitigkeitsreiter und der Typ, der kaum seine Augen offen halten konnte,
bevor es Zeit zum Aufsteigen war. Er konnte in seinem Hotelzimmer
oder sogar auf einem Baumstamm vor den Pferdeställen sitzen und
nickte immer wieder ein, bevor er aufstieg, um sein Pferd für die Geländeprüfung abzureiten. Einer seiner Mannschaftskameraden war andererseits total aufgeregt und sprach dann so schnell, daß ihn kaum
einer verstehen konnte, wenn er versuchte, mit seiner Nervosität fertigzuwerden. Obwohl beide Reiter in ihrer Art, mit ihrer Energie umzugehen, sehr unterschiedlich waren, verfolgten doch beide das gleiche
Ziel: Beide suchten einen Aktivierungsgrad, mit dem sie aktiv genug
waren, um gut zu reiten und entspannt genug waren, um klar denken
zu können. Schon bald wurde deutlich, daß der Reiter, der besser in
der Lage war, ein Gleichgewicht zwischen Energie und klarem Denken
zu finden, besser ritt als der andere.*

*Michael Plumb, einer der besten amerikanischen Vielseitigkeitsreiter, ist
wahrscheinlich der Mensch, der das Gleichgewicht zwischen Entspannung und Aktivierung am besten umschreiben konnte. Er meint, daß
ein Reiter hellwach sein und trotzdem nachdenken können muß, um
Bestleistungen zu erbringen. Mit der Suche nach diesem klaren Gleichgewicht zwischen zwei Energiegraden wollen wir nun beginnen.*

Aufgabe 18

*Nimm Dir ein paar Minuten Zeit, um die folgenden Fragen zu beant-
worten. Sie sollen dabei helfen, den optimalen Aktivierungsgrad für
Dich und Dein Pferd zu finden und zu verfeinern.*

1. *Reitest Du in jeder Disziplin mit gleichbleibender Stimmung bzw.
   gleichbleibender Energie? Erkläre dies.*
2. *Verbindest Du einen ganz bestimmten Aktivierungsgrad mit Deinen
   besten Leistungen?*
3. *Verbindest Du einen ganz bestimmten Aktivierungsgrad mit den besten Leistungen Deines Pferdes?*

4. Welcher Aktivierungsgrad führte in der Vergangenheit zu schlechten Leistungen unter Deinem Standard?

5. Welcher Aktivierungsgrad ließ in der Vergangenheit Dein Pferd schlechter arbeiten als gewöhnlich?

6. Hast Du schon einmal mentale Vorbereitungstechniken angewandt, um den richtigen Aktivierungsgrad dür die betreffende Disziplin zu erreichen? Welche eigneten sich am besten?

7. Was würde eine Taktik beinhalten, die Du erarbeiten sollst, um gemeinsam mit Deinem Pferd den optimalen Aktivierungsgrad zu erreichen?

Aufgabe 19

Lies Dir die Antworten zu Aufgabe 18 noch mal sorgfältig durch. Entwirf dann eine Taktik für Deinen nächsten Ritt und schreibe sie auf. Diese Aufgabe soll Dir helfen, den richtigen Aktivierungsgrad für Dich und Dein Pferd zu erreichen. Beantworte nach dem Ritt die folgenden Fragen:

1. Seid ihr in der Lage gewesen, mit dem für euch geeigneten Aktivierungsgrad zu arbeiten? Erkläre dies.

2. Welche Lektionen haben beim Reiten gut geklappt, welcher Gemütszustand und welche Elemente des Abreitens führten dazu?

3. Welche Lektionen konntest Du verbessern, welcher Gemütszustand und welche reiterlichen Taktiken führten dazu?

Erreichen des optimalen Entspannungs-Aktivierungsgrades

Bis jetzt haben wir besprochen, wie wichtig es ist, den richtigen Aktivierungsgrad für sich und sein Pferd zu bestimmen. Wir wollen nun auf einige Entspannungs- und Aktivierungsübungen eingehen, mit denen man den richtigen Energiegrad für beständige gute Leistungen herstellen kann. Beim Lesen dieses Abschnittes sollte der Reiter an jedem der nächsten drei Tage fünfzehn Minuten darauf verwenden, zumindest eine der Übungen durchzuführen.

Vorschläge zur Entspannung

In diesem Abschnitt werden wir verschiedene Entspannungsübungen erläutern, die von vielen Spitzensportlern verschiedener Sportarten, mit denen wir gearbeitet haben, angewendet werden. Obwohl die vorgeschlagenen Übungen in der Regel von Leistungssportlern angewandt werden, ist sicher, daß sie genausogut für Reiter jeden Ausbildungsstandes und in jeder Disziplin geeignet sind. Allerdings sollte jede Übung mehrmals durchgeführt werden, denn eine Steigerung der mentalen Strategien erfordert Geduld und Ausdauer.

Meditation

Die wichtigste und allgemein bekannteste Form der Entspannungsübung ist die Meditation. Als Meditation kann jede Übung definiert werden, die es ermöglicht, Körper und Geist vom Streß zu befreien – eine Definition, die viele verschiedene Themen und Methoden umfaßt. Letzten Endes ist es das Ziel jeder Übung, einen Zustand völliger innerer Ruhe und Entspannung zu erzeugen. Die Meditation erfordert, genau wie jede andere beruhigende Tätigkeit, viel Übung, und die angewandte Methode sollte immer auf die Bedürfnisse des Anwenders zugeschnitten sein. Der Reiter kann sich z. B. für eine geführte Form der Meditation entscheiden, bei der ein Erzähler den Anwender mit auf eine „Reise" nimmt. Diese Art der Meditation wird noch zum geeigneten Zeitpunkt besprochen werden. Eine andere Möglichkeit besteht darin, ohne fremde Hilfe zu meditieren, indem er seine eigene entspannende Vorstellung entwickelt und dabei leise Musik abspielt. Es gibt viele Vorstellungen, die totale Entspannung möglich machen. Eine Möglichkeit ist ein wunderschönes, friedliches Bild mit Bäumen, Bächen, grünen Wiesen und Vögeln. Wem das nicht gefällt, der stellt sich eine warme, sonnige Szene am Meer vor, in der sanfte Wellen seine Füße umspülen.

Vielsinnliche Vorstellungen wie diese werden durch das geistige Auge entwickelt oder wiedergegeben. Sportpsychologen bezeichnen dies als den „ruhigen Ort" des Anwenders. Zuvor ist jedoch eine Vorbereitungsübung notwendig, die den erforderlichen entspannten Zustand ermöglicht. Die einfachste Methoden sich zu entspannen, ist in der Regel ein tiefes Atmen aus dem Unterleib heraus.

Tiefes Atmen (aus dem Unterleib heraus)
DAB = Deep Abdominal Breathing

Tiefes Atmen als Vorbereitung für die Vorstellung erzeugt eine innere Ruhe, wobei der Geist bereit für positive und klare Gedanken ist. Diese Übung kann aber auch individuell zur sofort wirkenden Entspannung genutzt werden, wenn der Reiter aufs Pferd gestiegen ist. Beim Reiten wird der Aktivierungsgrad, sowohl beim Freizeit- als auch beim Turnierreiter, oft durch die Höhe der Sauerstoffaufnahme beeinflußt. Wenn der Mensch überfordert oder nervös ist, atmet er unbewußt flacher und bekommt so nicht genug Luft. Dann wird er unkonzentriert, die Gedanken wandern ins Negative ab oder werden schließlich völlig unklar. Gleichzeitig ermüdet der Körper durch den Mangel an Sauerstoff. Die folgende Übung erklärt Schritt für Schritt, wie man sowohl auf dem Pferd als auch bei anderen Tätigkeiten tief atmen kann.

Beginne damit, daß Du Dich hinsetzt oder bequem ausgestreckt auf den Boden legst. Wenn Du auf einem Pferd sitzt, laß es Schritt gehen und mach es Dir im Sattel bequem. Beruhige Deine Gedanken, indem Du an Deinen „ruhigen Ort" (s. u.) denkst. Atme dann gleichmäßig durch die Nase ein, zähle dabei bis fünf, halte den Atem an, zähle dabei wieder bis fünf und atme durch den Mund wieder aus. Entspanne beim Ausatmen Deine Schultern und Deinen Brustkorb. Wiederhole dies auf jeden Fall fünfmal pro Übung, um einen maximalen Nutzen daraus zu ziehen. Die ganze Übung sollte eigentlich nicht länger als drei Minuten dauern. Nimm Dir danach einen Moment Zeit, um festzustellen, wie stark Du Dich für die bevorstehende Aufgabe fühlst. Versuche dies mit mindestens einer der folgenden Entspannungs- und Vorstellungsübungen zu verbinden.

Der persönliche ruhige Ort

Diese Idee mag zuerst etwas abstrakt erscheinen. Wir haben aber viele positive Rückmeldungen über ihre Nützlichkeit erhalten – von Sportlern und Geschäftsleuten aus allen Bereichen. Schließlich haben diese Menschen eine effektive Methode erlernt, mit der sie sich binnen fünf Minuten entspannen können. Viele Hochleistungssportler wenden diese Übung an, weil sie damit, vorausgesetzt ihre Konzentrationsfähigkeit ist gut entwickelt, jederzeit an ihren „ruhigen Ort" zurückkehren können, egal wie laut oder geschäftig es um sie herum ist. Es wird also deutlich, wie nützlich es ist, sich seinen eigenen „ruhigen Ort" zu entwickeln. Es erfordert lediglich zehn oder fünfzehn Minuten, die man irgendwo alleine in einer ruhigen Ecke verbringen kann. Zur Entwicklung des „ruhigen Ortes" sollten die vorgeschlagenen Schritte befolgt werden.

Aufgabe 20

Nimm Dir ein paar Minuten Zeit und entwirf ein entspannendes, positives geistiges Bild von einer Situation aus Deiner Vergangenheit. Zuvor benannte „ruhige Orte" waren friedliche Umgebungen, Szenen am Meer, behagliche Wohnzimmer mit einem knisternden Kaminfeuer und schöne Landschaften, die ein Wohlgefühl erzeugen. Wenn Du Dir keinen entspannenden Ort vorstellen kannst, liste die Dinge auf, die Dich entspannen und entwickle Dir Dein eigenes Bild von einem „Ruhigen Ort". Hast Du ein Bild gefunden, schreibe es auf.

Aufgabe 21

Nimm Dir nun fünf Minuten Zeit, die Vorstellungsübung mit entspannender Instrumentalmusik durchzuführen. Beginne die Übung mit einigen tiefen Atemzügen. Bewerte die Übung nach Beendigung und notiere die Ergebnisse.

Geführte Meditation

Wie wir gesehen haben, ist Meditation einfach eine beruhigende Übung. Geführte Meditation (auch geführte Vorstellung genannt) hat das gleiche Ziel, beinhaltet aber auch Direktiven. Wir lassen unseren Körper entspannen, atmen langsam und tief und machen unsere Gedanken frei.

Die vollständige Vorbereitung auf diese Übung erfordert einen ruhigen Raum, in dem der Anwender nicht gestört wird. Das Telefon sollte ausgeschaltet, das Licht gedämpft werden und der Raum sollte warm und ruhig sein. Er sollte die Übung so einplanen, daß er nicht gestört wird.

Möglicherweise juckt es einen irgendwo oder irgendwelche Gedanken stören. Das macht aber nichts. Der Anwender sollte alles tun, um sich wohl zu fühlen: sich kratzen, die Gedanken vorüberziehen lassen. Mehrere Versuche könnten notwendig sein, bis sämtliche Störungen beseitigt sind. Das erfordert Übung, aber dann ist es einfach. Der Anwender sollte daran denken, daß diese Zeit nur für ihn selbst ist, in der er sich von sämtlichen Spannungen befreit. Es ist ein wohlverdientes Geschenk, das er sich selber macht.

Geführte Meditation beinhaltet viele Grundsätze, die denen des zuvor besprochenen „ruhigen Ortes" gleichen. Zudem ist es ihr Ziel, den Menschen in eine ruhige und angenehme Stimmung zu versetzen, so daß er Zeit hat, seine Gedanken zu ordnen und zu sammeln. Es ist lediglich ein vorformulierter mentaler Text, der die Sinne anspricht und erforderlich ist, um diesen Zustand herbeizuführen. Die Vorstellungen in dieser Übung sollten, genau wie beim „ruhigen Ort", Elemente der natürlichen Welt beinhalten, wie z. B. das Meer, Bäume, Gras, eine sanfte Brise, die Sonne, Wärme – oder auch all diese Dinge gleichzeitig. Nach dem Entwerfen des mentalen Textes ist der nächste Schritt, ein beruhigendes Musikstück zu finden, das dazu paßt. Wird ein ruhiges Stück aus der modernen Musik ausgewählt, empfehlen wir etwas, das natürliche Klänge beinhaltet, die zu der geistigen Vorstellung passen. Weitere Informationen zu geführter Meditation und Metaphorik (Vorstellung) finden sich in den Kapiteln 2 und 8.

Stichworte und auslösende Schlagworte
zur Entspannung und Aktivierung

Die meisten der bisher besprochenen Übungen werden am besten ausgeführt, wenn der Reiter nicht auf dem Pferd sitzt. Es gibt jedoch auch verschiedene Entspannungs- und Aktivierungsübungen, die während des Reitens angewandt werden können. Im Zusammenhang mit Übungen zu Pferd gebrauchen wir „Stichworte" in Situationen, in denen Entspannung gefordert ist, und „auslösende Schlagworte" in Situationen, in denen gesteigerte Aktivierung erforderlich ist. Beide Wortformen können genutzt werden, um es sich selbst und auch seinem Trainer zu ermöglichen, den geeigneten Entspannungs- und Aktivierungsgrad für eine bevorstehende Aufgabe zu finden oder neu festzulegen. Wir wollen nun untersuchen, wann und wie diese Form des Selbstgesprächs genutzt werden kann.

Manche Menschen, die gerade mit dem Reiten begonnen haben, stehen unter Anspannung, wenn sie sich in offenes Gelände wagen. Andere werden nervös, wenn sie über verschiedene Hindernisse springen sollen. Solche Beunruhigungen sind oft der Angst des Reiters, daß er die Kontrolle über sein Pferd verliert, zuzuschreiben. Die folgende Fallstudie gibt ein Beispiel dafür, wie ein Stichwort beim Springen angewandt werden kann, um den Aktivierungsgrad zu senken und gleichzeitig das Maß an Selbstvertrauen zu erhöhen.

Fallstudie

Marie kam zu uns, nachdem sie an ihrer ersten Anfängerprüfung auf einem Turnier teilgenommen hatte. Sie war entmutigt, weil sie jedesmal, wenn sie ein Hindernis anritt, mit ihrem Pferd darauf zustürmte. Gemeinsam entschieden wir uns dazu, einige Entspannungstechniken im Rahmen einer Reitstunde auszuprobieren. Zuerst sollte sie aus dem Trab über ein Kreuz springen. Als sie auf das Hindernis zuritt, verspannte sich ihr Körper, ihr Atem wurde flach und ihr Pferd begann zu rennen. Um dieses Problem zu lösen, mußte Marie lernen, das Hinder-

67

*nis auf eine entspannte, zwanglose Art anzureiten. Die Übung, die wir
ihr beibrachten, bestand aus fünf Phasen. Zuerst halfen wir ihr zu erkennen, daß ihre Nervosität der Grund für das Pferd-Reiter-Problem
war und dann suchten wir nach möglichen Lösungen für dieses Problem. Als zweites forderten wir sie auf, ein Stichwort zu finden, das die
Taktik umschrieb, die sie brauchte, um das Hindernis in einem entspannten Zustand anzureiten. Wir kamen überein, daß „sacht" ein
sinnvolles Wort war. Dann forderten wir Marie auf, im Trab auf das
Hindernis zuzureiten. Während sie sich dem Hindernis die ersten drei
Male näherte, konnte sie uns „sacht" in einem beruhigenden entspannten Tonfall sagen hören. Wir forderten sie auf, sich auf den Tonfall und auf die Bedeutung dieses Wortes zu konzentrieren, während
sie über das Hindernis sprang. Beim dritten Versuch schien sich ihr Körper vor dem Hindernis zu entspannen, sie begann, tief zu atmen und
ihr Pferd entspannte sich als Folge daraus. Als nächstes sollte Marie
selbst laut „sacht" sagen, wenn sie auf das Hindernis zuritt. Durch
diesen Prozeß begann sie, ihr Stichwort in ihr Handeln zu integrieren.
Sie sprang weiterhin entspannt über das Kreuz und später über kleine
Steilsprünge. Schließlich sollte Marie einfach nur das Wort „sacht"
denken. Sie war überrascht, daß sie und ihr Pferd weiterhin ruhig und
rhythmisch auf das Hindernis zuritten. Die Lösung für ihr Nervositäts-
problem vor dem Springen war ganz einfach: Sie mußte lediglich ihre
Nervosität und innere Unruhe durch hilfreiche Selbstgespräche erset-
zen und dadurch ihre Gedankengänge verbessern.*

Auf der anderen Seite haben wir auch gesehen, wie Pferd und Reiter
dazu neigten, inaktiv und zu entspannt zu arbeiten. In diesem Fall ist
es besser, „auslösende Schlagworte" anstatt „Stichworte" zu verwenden. Die folgende Fallstudie betrifft die Partnerschaft zwischen einem
jungen Reiter und seinem Pferd, mit dem wir arbeiten konnten,
während er sich vom Vielseitigkeitsreiter auf regionaler Ebene bis hin
zu internationaler Ebene entwickelte.

Fallstudie

*Von Anfang an waren Peter und sein Pferd ziemlich zurückhaltend,
aber doch sehr talentiert. Anfänglich, auf kleineren Turnieren, waren
sie ein sehr gutes Team, immer plaziert, und das ohne größere An-
strengungen. Und genau das schien das Problem zu sein. Als sie die
Turnierleiter heraufkletterten bis hin zur internationalen Ebene, konn-*

ten sie es sich nicht mehr erlauben, zurückhaltend zu reiten – sie mußten aktiver werden, wenn sie erfolgreich bleiben wollten. Aber Peter und sein Pferd taten dies nicht, und die Ergebnisse machten das deutlich. Auf einem Turnier war Peters Trainer dann so frustriert, daß er ihn kniff, um ihn aufzuwecken, als er an den Start ging. Und durch dieses Kneifen funktionierte es dann. Der überraschte Reiter wachte auf, absolvierte eine gute Geländeprüfung und bekam eine gute Plazierung. Zurückblickend können wir erkennen, daß Peter sich selbst hätte wacher und aktiver machen können, wenn er für sich ein „auslösendes Schlagwort" oder einen Spruch entwickelt hätte, der ihn anspornt – wie z. B. „Hol's Dir!" oder „Auf geht's!".

Es ist immer sehr befriedigend, Lösungen zu finden, die so einfach sind, wie die soeben beschriebenen. Sobald das Problem erkannt ist, ist eine Lösung eigentlich recht einfach zu finden. Egal ob die Schwächen darin liegen, über hohe Hindernisse zu springen, schnell zu galoppieren, vor vielen Zuschauern zu reiten oder zum erstenmal auf ein bestimmtes Pferd aufzusteigen, die oben beschriebene Wortübung hilft jedem. Wichtig ist es also, ein Stichwort oder ein auslösendes Schlagwort auszuwählen, daß sowohl eine Bedeutung für den Reiter selbst hat, als auch mit dem übereinstimmt, was er erreichen will, und dieses Wort dann im geeigneten Tonfall auszusprechen. Zudem sollte die richtige Reihenfolge eingehalten werden, das spezielle Selbstgespräch in sein Bewußtsein zu integrieren. Es ist hilfreich, die Übung damit zu beginnen, daß jemand anderes als der Reiter selbst das Stichwort oder auslösende Schlagwort ausspricht, so daß der Reiter auch tatsächlich den geeigneten Tonfall hört, während er sein Ziel ins Auge faßt. Danach kann er beginnen, das Wort in seine Selbstgespräche aufzunehmen, indem er es zuerst laut sagt und schließlich nur noch denkt.

Nachdem wir nun den Gebrauch von positiven Stichworten und auslösenden Schlagworten besprochen haben, ist es an der Zeit, die Übung selbst auszuprobieren oder mit seinem Trainer durchzuführen.

Aufgabe 22

Nimm Dir etwas Zeit und suche eine Situation, die Deinen optimalen Energiegrad beeinträchtigt, so daß Du zu aktiv oder nicht aktiv genug bist. Suche als nächstes ein Stichwort oder ein auslösendes Schlagwort, das für den Zustand steht, den Du anstrebst. Wichtig ist, daß das Wort im richtigen Tonfall ausgesprochen wird, damit es Dich mit dem nötigen Energiegrad verbindet. Steige dann auf Dein Pferd auf und beginne unter der Aufsicht Deines Trainers mit der Aufgabe. Befolge dabei die drei o. g. Schritte. Bewerte nach Beendigung der Aufgabe Deine Ergebnisse wie folgt.

Ausgewähltes Wort:
- *Wie bald war die Anwendung erfolgreich, wenn das Wort von jemand anderem ausgesprochen wurde? Mögliche Gründe dafür?*
- *Wie bald war die Anwendung erfolgreich, wenn das Wort selber ausgesprochen wurde?*
- *Wie erfolgreich war die Anwendung, wenn das Wort nur im Geist wiederholt wurde?*

Diese Wortauswahlübungen und verschiedene Formen der Metaphorik sind äußerst hilfreich, wenn der Reiter zumindest eine halbe Stunde dafür erübrigen kann. Manchmal brauchen Sportler direktere „Schnellauslöser", mit denen sie ihre Aktivierung regulieren. Auf der Grundlage von Erfahrungen, die wir in der Vergangenheit bei der Arbeit mit internationalen Sportlern gemacht haben, haben wir deshalb Lösungen entwickelt, die kurzfristig funktionieren.

Die nachfolgend beschriebene Übung über den Alpha-Status ist ein Beispiel dafür, wie vielen Menschen geholfen werden kann – einige davon waren kanadische Olympia-Teilnehmer aus dem Jahre 1996.

Zurückkehren in den Alpha-Status

Hier sollte der Leser einen Moment lang überdenken, was er in einer Tiefschlafphase empfindet. Jeder kennt sicherlich den Unterschied zwischen Tiefschlaf und einem unruhigen, oberflächlichen Schlaf. Wenn wir einschlafen und dann in einen tieferen Zustand der Entspannung gelangen, rollen wir unsere Augen nach oben und unser Körper wird entspannter. Obwohl dieser Zustand völliger Entspannung einem Sportler nichts bringt, erweisen sich einige Bereiche dieser Entspannung manchmal als nützlich. Die folgende Aufgabe liefert eine unmittelbare Entspannungstechnik, die das hervorruft, was „Alpha-Erfahrung" genannt wird. Für die meisten Menschen reicht diese Übung aus, um eine wahrnehmbare Steigerung der Entspannung zu erzeugen. Darüber hinaus kann diese Übung, genau wie tiefes Atmen und Selbstgespräche, sowohl zu Hause als auch auf dem Pferd durchgeführt werden. Sie sollte ausprobiert werden!

Aufgabe 23

Atme dreimal tief ein und zwar so, wie es im Abschnitt über tiefes Atmen beschrieben wurde. Halte Deinen Kopf gerade und versuche, so weit wie möglich nach oben zu schauen. Anfangs wirst Du Dich dabei unbehaglich fühlen. Setze die Übung trotzdem fort, bis Deine Augenlider schwer werden. Das geschieht in der Regel nach zehn bis fünfzehn Sekunden. Schließe dann langsam Deine Augen und atme dabei wiederum tief ein. Entspanne Körper und Geist während dieser Erfahrung. Beachte nach Beendigung dieser Übung die körperlichen und geistigen Empfindungen, die sich daraus ergaben. Gab es deutliche Unterschiede bezüglich des Entspannungsgrades?

Die Perfektionierung dieser Übung erfordert viel Übung und Geduld. Sicher ist aber, daß die „Alpha-Übung" eine beinah direkte Entspannung ermöglicht, wenn sie über eine gewisse Zeit hinweg praktiziert wird.

Zusammenfassung

Dieses Kapitel hat einige Begriffe und Ideen zur Sprache gebracht, die zu Beginn möglicherweise etwas verwirrend erschienen.
Vielleicht möchte sich der Reiter erst mit den Entspannungstechniken vertraut machen, bevor er fortfährt. Wenn er erst einmal gelernt hat, sich völlig zu entspannen, kann er andere geführte Meditationsformen ausprobieren. Einige davon aktivieren, andere haben eine beruhigende Wirkung. Jeder kann zu jeder Zeit frei wählen, was für seine Bedürfnisse geeignet ist. Wer sich für die geführte Metaphorik entscheidet, für den wird es zunehmend einfacher, die gesuchten Gefühle einzufangen. Nur der Reiter selber weiß, welche Stichworte und auslösenden Schlagworte für ihn am besten geeignet sind und welche Entspannungs- und Aktivierungsübungen für ihn am nützlichsten sind. Mit etwas Übung ist jeder in der Lage, jede der Übungen anzuwenden, um den gewünschten Zustand zu erreichen.
Neben den herkömmlichen Vorteilen, die die Entspannung bietet, ist ein weiterer Bonus die Wirkung, die die eigenen neuen Reaktionen

auf die Mitmenschen haben. Wir haben bemerkt, daß manche Sportler und Trainer sich gegenseitig unbewußt und manchmal auch unnötig animieren, indem sie zu viel oder zu wenig Energie hervorrufen. Trotzdem beeinflussen Sportler, die gelernt haben, ihre eigene Aktivierung zu kontrollieren, ihre Mitmenschen positiv. Der Energiegrad des Reiters, Trainers, eines Familienmitgliedes oder eines Freundes ist nicht länger unklar oder unangebracht, und so kann jeder seine Arbeit bestmöglich erledigen.

1. *Der Grad optimaler Entspannung und Aktivierung ist von Mensch zu Mensch unterschiedlich.*

2. *Eine Wiederholung aller Übungen, sowohl zu Hause als auch auf dem Pferd, ist auf jeden Fall nützlich.*

3. *Eine der beiden Übungen – Schnellauslöser oder die längerfristigen Übungen – sollten zumindest zweimal pro Woche praktiziert werden.*

4. *Jeder Sportler führt eine Art inneren Monolog. Um gute Ergebnisse zu erzielen, sollten geeignete Stichworte und auslösende Schlagworte ausgewählt werden, die zum richtigen Maß an Energie verhelfen.*

In diesem Kapitel haben wir einige besondere Vorschläge gemacht, wie der Reiter den richtigen **Aktivierungs- und Entspannungsgrad** erreichen kann. Trotzdem kann es, selbst wenn er sich daran hält, zu einem Absinken des Leistungsniveaus kommen. Dieses Phänomen, das jedem bekannt sein dürfte, wird im nächsten Kapitel besprochen.

Höhepunkte, Tiefpunkte und Zwischenstationen

Der Mut für etwas zu arbeiten, an das man glaubt,
tagein und tagaus, Jahr für Jahr, kann schwierig sein,
ist aber in sich die größte Belohnung.

V. Sukomlin

Bis hierhin hat jedes Kapitel eine besondere Strategie besprochen, mit der Leistungen gesteigert werden können. Es ist aber eine unvermeidbare Tatsache, daß jeder Sportler, einschließlich der Reiter, Fortschritte, Rückschläge und die Zeiten erlebt, in denen die Entwicklung stillzustehen scheint. Manchmal sind die Faktoren, die Hindernisse oder Widersprüchlichkeiten erschaffen, unvermeidlich. Zu anderen Zeiten bestehen die Probleme weiter, können aber besser bewältigt werden, wenn die Hintergründe verstanden werden. Es ist der Zweck dieses Kapitels, die Phänomene, die wir Höhepunkte, Tiefpunkte und Zwischenstationen nennen, zu untersuchen und zu entschlüsseln.

Definitionen für Höhepunkte, Tiefpunkte und Zwischenstationen

Jeder von uns hat als Reiter sicherlich schon einmal Höhen, Tiefen und Flauten erlebt, die wir als Höhepunkte, Tiefpunkte und Zwischenstationen definieren können.

Höhepunkte sind zweifellos Momente, in denen wir uns eins mit unserem Pferd fühlen. Während solcher Zeiten denken wir nicht länger bewußt darüber nach, was wir tun. Wir verschmelzen mit unserem Pferd zu einer Einheit. Für den Vielseitigkeitsreiter, der im Gelände reitet, könnte dies z. B. ein fließender Ritt sein, bei dem er die Hindernisse mühelos nimmt, wie ein zufälliger Teil eines Galoppsprunges („Flow-Erleben"). Wenn wir solche Erfahrungen wiedergeben sollen, haben wir interessanterweise oft Probleme, die Details zu beschreiben, weil wir nur nach Gefühl geritten sind.

Wenn wir uns im Gegensatz dazu an einem Tiefpunkt befinden, werden wir zu völlig getrennten Wesen, ohne jegliche Übereinstimmung mit unserem Pferd. Während solcher Erfahrungen beginnen wir oft angestrengt darüber nachzudenken, was wir tun müssen, um die Aufgabe zu beenden. Als Folge davon arbeitet unser Körper mechanisch und unsere Hilfen wirken unsynchron, steif und erzwungen. Beim Springreiten z. B. kämpft das Pferd möglicherweise gegen den Reiter an, während sie auf das Hindernis zureiten. Das Pferd springt wegen des Widerstandes, den der Reiter signalisiert, falsch ab, und der Reiter gerät aus dem Gleichgewicht.

Zwischenstationen sind Zeiten, in denen wir mit unserem Reiten nicht vorankommen – oder wir empfinden das so. Für einen Dressurreiter besteht z. B. eine Zwischenstation, wenn er von verschiedenen Richtern während der ganzen Turniersaison immer ähnliche Kommentare und Punktzahlen bekommt. In solchen Zeiten sehen wir uns selbst als festgefahren und verlieren deshalb die Motivation.

Jeder Reiter, egal ob Freizeit- oder Turnierreiter, erlebt diese Mischung aus sehr guten, akzeptablen und minderwertigen Leistungen. Es scheint, daß viele Reiter nicht in der Lage sind, diese Veränderungen zu erklären und sie als Teil der zufälligen Entwicklungen im Leben zu betrachten. Und obwohl viele Menschen solche Erklärungen für ihre Leistungen akzeptieren, entspricht das nicht der Wirklichkeit. Wenn wir darüber nachdenken, gibt es verschiedene Faktoren, die die Qualität unseres Reitens beeinflussen, und die meisten können wir erkennen – das ist der erste Schritt, um sie kontrollieren und beheben zu können.

Natürlich gibt es auch einige Faktoren, wie die Gesundheit, persönliche Umstände oder physische Probleme beim Pferd, die wir aber in diesem Buch nicht besprechen wollen. Es gibt jedoch einen hauptsächlichen Faktor, der in Betracht gezogen werden muß, der oft übersehen wird, der aber dennoch einen großen Einfluß auf den Kreislauf von Höhepunkten, Tiefpunkten und Zwischenstationen hat. Dieser Faktor, auf den wir uns als fortschreitende Entwicklung unserer Fähigkeiten beziehen, gibt Auskunft darüber, wo wir uns in unserem Entwicklungsprozeß bezüglich neuer Fertigkeiten befinden und in welchem Stadium wir bei unseren wöchentlichen, monatlichen oder jährlichen Vorhaben sind. Wenn wir dieses Konzept studieren, können wir schließlich ein besseres Verständnis für unsere unterschiedlichen Leistungen entwickeln.

Fortschreitende Entwicklung der Fertigkeiten

Im allgemeinen können die Unterschiede in der Qualität der Leistungen dem zeitlichen Stadium zugeschrieben werden, in dem wir uns befinden, wenn wir Fertigkeiten/Lektionen erlernen, integrieren und ausführen. In einem veröffentlichten Gutachten wurde festgestellt, daß die Entwicklung von Fertigkeiten in drei Phasen erfolgt. Für uns als Reiter bedeutet dies, daß es Zeiten gibt, in denen wir Neues erlernen, Phasen, in denen wir das neu Erlernte automatisieren und schließlich Abschnitte, in denen wir dies dann in unser bisheriges Können integrieren. Wir wollen nun betrachten, wie das mit der Theorie von Höhepunkten, Tiefpunkten und Zwischenstationen zusammenhängt.

Tiefpunkte – eine Zeit zum Erlernen neuer Fertigkeiten

Progressives Lernen ist eine faszinierende Erfahrung, die periodisch abläuft. Wir setzen voraus, daß zumindest grundlegende Kenntnisse in der Reiterei vorhanden sind, bevor wir in den Kreislauf eintreten. Jede einzelne reiterliche Fertigkeit ist Teil eines Ganzen – unser ganz eigener Reitstil – und jede kann ausgeführt werden, ohne großartig darüber nachzudenken. Lernen wir dann aber etwas Neues hinzu, verändern diese neuen Dinge zumindest teilweise unser bisheriges reiterliches Können. Fertigkeiten, die vorher gekonnt und einfach erschienen, werden auf einmal ungeschickt, kompliziert und mechanisch. Abhängig vom Schwierigkeitsgrad kommt es dann für unterschiedlich lange Zeitspannen zu einem völligen Absinken der Leistungen. Auch wenn dieses Nachlassen der Leistungen verständlich ist, sind wir doch teilweise frustriert und verlieren die Geduld mit uns selbst, unserem Pferd und unserem Trainer. Die folgende Fallstudie zeigt, was während der Phase, in der wir neue Fertigkeiten erlernen, geschehen kann.

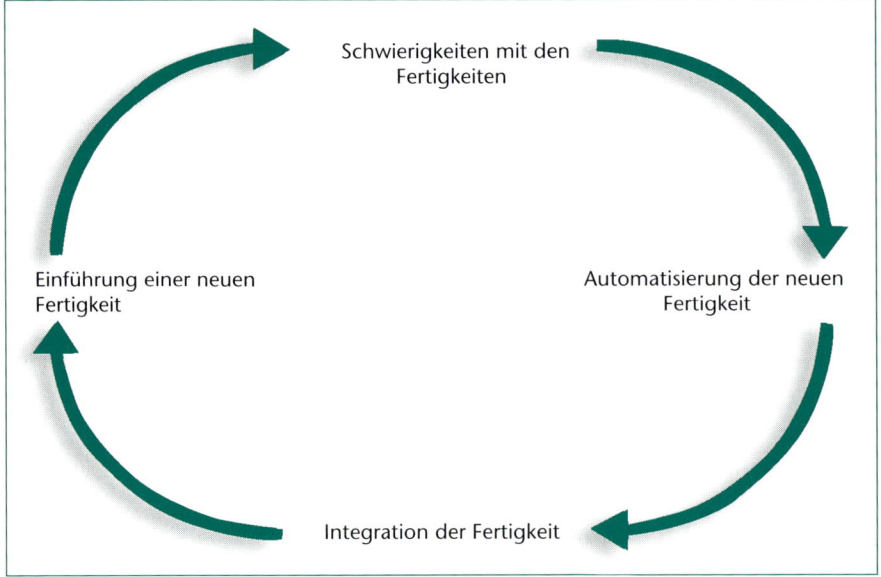

Abbildung 3: Kreislauf der Entwicklung von Fertigkeiten

Fallstudie

Miriam war eine äußerst begabte Dressurreiterin. Sie gab nicht nur ein schönes, ästhetisches Bild auf ihrem Pferd ab, sie ritt auch immer mit Einfühlungsvermögen und viel Gefühl. Sie machte einige gute Fortschritte, als sie an einem einmonatigen Trainingspraktikum teilnahm. Während der ersten Woche konzentrierten sich Trainer und Reiterin auf die Grundlagenarbeit, bei der der Trainer einige kleinere Korrekturen an der Pferd-Reiter-Kombination vornahm. Nachdem Trainer und Reiterin ein positives Verhältnis zueinander gefunden hatten, war der nächste logische Schritt, an spezifischeren und detaillierteren Bereichen zu arbeiten, um Fortschritte zu erzielen. Als die beiden sich jedoch in Bereiche vorwagten, die für die Reiterin neu und unbekannt waren, tauchten plötzlich Widerstände bezüglich des Lernprozesses auf.

Miriam fand, daß ihr Reiten ungeschickt, kompliziert und unnatürlich wurde. Obwohl ihr Trainer versuchte ihr zu erklären, daß Tiefpunkte ein ganz natürlicher Teil der Entwicklung sind, hatte Miriam das Gefühl, die Kontrolle zu verlieren und stellte die Unterstützung ihres Trainers in Frage. Dadurch verlängerte sie die Tiefphase in ihrer Entwicklung, anstatt den Lernprozeß zu beschleunigen.

Mit etwas Menschenverstand können wir verstehen, daß eine neue Fertigkeit mit kontinuierlicher Übung besser und einfacher wird. Allerdings scheinen Reiter und andere Sportler sehr oft gegen diesen Teil des Lernprozesses anzukämpfen. Das ist verständlich, denn niemand möchte sich ungeschickt fühlen oder so erscheinen. Körper und Geist werden von Natur aus angespannt, wenn wir versuchen, etwas Ungewohntes oder Schwieriges zu tun. Wenn wir mit Reitern und Sportlern in dieser Phase der Entwicklung arbeiten, helfen wir ihnen, indem wir folgende Fragen stellen:

* *Bringt die Fertigkeit, an der Du gerade arbeitest, Dich Deinem Langzeitziel näher?*
* *Wie hilft die Entwicklung dieser Fertigkeit Dir, ein Langzeitziel festzulegen? (Dies macht deutlich, wie wichtig es ist, neue Fertigkeiten in Dein persönliches Arbeitsprogramm zu integrieren.)*
* *Ist Deine momentane Leistungserwartung realistisch, während Du neue Fertigkeiten erlernst?*
* *Welche Leistungserwartung wäre realistisch, während Du eine neue Fertigkeit erlernst?*

Dadurch, daß wir diese interessanten Fragen gemeinsam untersuchen, wird der Leser daran erinnert, welchen Nutzen er aus dem Erlernen einer neuen Fertigkeit zieht. Wenn wir uns erst einmal daran erinnern, warum wir etwas Neues lernen, werden wir in schwierigen Zeiten nachsichtiger mit uns selbst.Dann sind wir in der Lage, eine positivere Gesamtperspektive zu unserem Sport und unseren Fortschritten zu finden. Schließlich wird der Lernprozeß leichter, wenn wir die Realität akzeptieren.

Zwischenstationen – eine Zeit zur Integration neuer Fertigkeiten

Nach einer gewissen Zeit der intensiven Übung gewöhnen wir uns an das neu Erlernte, wir integrieren die neue Technik oder das neue Wissen in unser reiterliches Repertoire. Der Reiter sollte nun einen Moment lang an die Zeit zurückdenken, in der er eine reiterliche Fertigkeit erlernt hat, die er nun mühelos beherrscht – z. B. Leichttraben. Sind die Umstände und die möglichen Schwierigkeiten, die dabei auftraten, noch präsent? Wie alle Anfänger wurden wir aufgefordert, während der Reitstunde leichtzutraben, und jeder war froh, wenn er wieder aussitzen konnte. Gerade wenn wir begannen, uns etwas zu entspannen, kam wieder das Kommando – Leichttraben. Nachdem wir ein paar Stunden hintereinander „hoch – runter, hoch – runter, hoch – runter" gehört hatten, waren wir in der Lage, das alleine zu schaffen. Wenn wir an die anfänglichen Schwierigkeiten zurückdenken, werden wir uns wahrscheinlich an einige zusätzliche Stöße erinnern, wenn wir nicht zur richtigen Zeit aus dem Sattel aufstanden. Schließlich lernten wir dann, richtig leichtzutraben und konnten im Einklang mit der Bewegung des Pferdes reiten. Der Punkt ist, daß wir alle während unserer reiterlichen Laufbahn das gleiche Lernschema durchlaufen, aber jeder entwickelt sich unterschiedlich schnell. Es folgen nun einige Anregungen, wie wir den Lernprozeß zukünftig vereinfachen und beschleunigen können.

- *Gewöhne Dich an die mechanischen Grundsätze und Details, die mit der neuen Fertigkeit verbunden sind.*
- *Akzeptiere, daß sich Deine ersten Versuche schwierig und gezwungen anfühlen.*
- *Übe die neue Fertigkeit während jedes Rittes, denn kontinuierliches Üben ist wichtig.*
- *Neue Fertigkeiten sollten zuerst möglichst in einer langsameren Gangart geübt werden. Zwischen den einzelnen Versuchen sollte reichlich Zeit zum Nachdenken vorhanden sein. Wenn Du dann mit Deiner Leistung zufrieden bist, sollten das Tempo und der Schwierigkeitsgrad schrittweise erhöht werden.*
- *Verliere nicht die Geduld und versuche nicht, Deine Fortschritte zu erzwingen.*

Wenn wir uns mit dem Erlernen einer neuen Fertigkeit befassen, egal welche das ist, wollen wir zunächst erreichen, daß sie uns leicht fällt und wir geübter darin werden. Während der Zwischenphase wenden wir die neu erlernte Fertigkeit und ihre mechanischen Abläufe in der Regel so an, wie es uns unser Trainer sagt. Damit ist der Lernprozeß aber noch nicht beendet. Jeder wird, bewußt oder unbewußt, erkennen, daß er seine eigene Methode hat, neue Fertigkeiten zu nutzen – eine Methode, die mit seiner persönlichen Reitphilosophie und seinem Reitstil übereinstimmt. Auch wenn wir anfänglich nicht jede neue Fertigkeit unserem Reitstil anpassen können, wird genau das irgendwann geschehen und vielleicht sogar zu Höchstleistungen führen.

Höhepunkte – eine Zeit beständiger Leistungen

Was genau eine Höchstleistung ausmacht, ist sehr unterschiedlich, weil Freizeitreiter, Anfänger und internationale Turnierreiter gleichermaßen Höchstleistungen erleben. Trotzdem ist eine Höchstleistung, die ein internationaler Springreiter als Kind mit seinem Pony erlebt hat, durchaus mit der Höchstleistung in einem Großen Preis vergleichbar. Es gibt einige Gemeinsamkeiten, die wir teilen, wenn wir Höchstleistungen beim Reiten erbringen, unabhängig von der Disziplin. Diese Bestandteile sind: der Gebrauch unserer Intuition, Vertrauen in uns selbst und in unser Pferd, die Fähigkeit, sich völlig in den Moment vertiefen zu können. Wenn all diese Komponenten bei einem Dressurpaar aufeinandertreffen, erscheinen Pferd und Reiter wie eine Einheit in fließender Bewegung – fast wie ein Zentaur.

Aufgabe 24

Wie wahrscheinlich jeder weiß, ist ein Zentaur eine Figur aus der Mythologie, halb Mensch, halb Pferd. Wenn wir reiten, möchten wir eins mit unserem Pferd werden. Nur dann erleben wir wirklich Höchstleistungen. Es folgt nun eine geführte Meditation für Dressur und Grundlagenarbeit. Darin geht es hauptsächlich darum, Pferd und Reiter zu einer Einheit werden zu lassen. Dies ist eine Übung für Reiter, bei denen Probleme in der Pferd-Reiter-Partnerschaft aufgetaucht sind.

Suche Dir einen bequemen Sessel, in dem Du gerade, aber entspannt sitzt, mit leicht gespreizten Beinen und den Füßen auf dem Boden. Die Arme sollen ruhig am Körper und die Hände in Deinem Schoß liegen. Schließe Deine Augen und atme tief ein. Halte den Atem für fünf Sekunden an, atme aus und entspanne Dich, wiederhole diesen Vorgang fünfmal. Fühle, wie Du Dich mit jedem Atemzug mehr entspannst. Genieße das Gefühl völliger Muskelentspannung. Zeichne als nächstes im Geist ein Bild von dem Ort, an dem Du am liebsten reitest. Nimm den Anblick, die Geräusche und Gerüche dieses Ortes wahr. Schau Dich um und nimm die Szene in Dir auf: Hier bist Du. Du mußt nirgendwo hingehen und nichts anderes tun. Du hast die Zeit, Dich daran zu erfreuen, wo Du gerade bist. Atme wieder tief ein und entspanne Deinen Geist.

Sieh, wie Dein Pferd zu Dir gebracht wird, mit glänzendem Fell, gespitzten Ohren, in freudiger Erwartung auf den gemeinsamen Ritt. Du gehst zu Deinem Pferd und streichelst seinen Hals. Das Pferd dreht sich zu Dir um und schnuppert an Dir. Langsam ziehst Du den Gurt nach und ziehst die Steigbügel herunter. Danach steigst Du auf. Atme tief ein und nimm den Geruch des Pferdes und des Leders in Dir auf. Überprüfe noch mal den Gurt und fordere dann Dein Pferd auf, loszugehen. Beachte den Rhythmus des Pferdes im Schritt, die Bewegung seiner Muskeln und seines Rückens.

Fühle, wie Du diese Bewegung mit jedem Schritt in Dir aufnimmst. Fühle, wie Dein Rücken sich entspannt und mit dem Rücken des Pferdes verschmilzt.

Wenn Du bereit bist, laß das Pferd antraben und dann angaloppieren. Du brauchst nur an den Übergang zu denken – das Pferd scheint Deine Gedanken zu lesen und bewegt sich im Einklang mit Deinem Denken. Langsam werdet ihr beide warm, eure Muskeln werden geschmeidiger und die Bewegungen fließender. Fühle die fließende Bewegung in jeder Gangart. Das Pferd wird ein Teil von Dir. Es ist, als ob ihr eins seid, Dein Geist lenkt seinen Körper. Genieße dieses Gefühl der Einheit. Ihr könnt alles, nichts ist zu schwierig. Du brauchst Dir das Gefühl nur vorzustellen, und schon ist es da. Nimm dieses Gefühl wahr. Nimm alle Gefühle dieses Momentes in Dir auf. Dies ist Dein Ritt, in all seiner Perfektion. Du brauchst nur die Augen zu schließen und tief einzuatmen, und Du kannst diese speziellen Gefühle empfinden, wann immer Du möchtest.

Wenn Du bereit bist, hebe langsam Deinen Kopf und atme tief und entspannend ein. Du hörst allmählich wieder die Geräusche in dem Raum, in dem Du sitzt. Jetzt kannst Du Deine Augen öffnen. Stehe nicht zu schnell auf. Genieße dieses friedliche und erholsame Gefühl. Stehe dann auf und streck' Dich.

Ein Reiter, der sich hauptsächlich für Spring- oder Vielseitigkeitsreiten interessiert, braucht eine andere Form der geführten Meditation. Anstatt sich Pferd und Reiter als eine unzertrennliche Einheit vorzustellen, werden sie diesmal als zwei Wesen in völliger Harmonie betrachtet. Es ist die Aufgabe des Reiters, jeder Bewegung seines Pferdes zu folgen. Das Pferd hingegen hat völlige Freiheit, mühelos über die Hindernisse zu fliegen, als ob es Pegasus wäre.

Aufgabe 25

Diese zweite Meditation konzentriert sich auf die Erfahrung, mühelos über Hindernisse zu springen. Sie ist hilfreich, wenn die Harmonie zwischen Pferd und Reiter über dem Sprung verbessert werden soll. Der Beginn ist der gleiche wie in Aufgabe 24. Wenn Du aufgestiegen bist, liegt die Betonung dieser Meditation jedoch auf der fliegenden Bewegung beim Springen. Wir haben bewußt bestimmte Beschreibungen vermieden, so daß sich jeder sein eigenes mentales Bild des Ortes und der Hindernisse erstellen kann.

Suche Dir einen bequemen Sessel, in dem Du gerade, aber entspannt sitzt, mit leicht gespreizten Beinen und den Füßen auf dem Boden. Die Arme sollen ruhig am Körper und die Hände in Deinem Schoß liegen.

Schließe Deine Augen und atme tief ein. Halte den Atem für fünf Sekunden an, atme aus und entspanne Dich, wiederhole diesen Vorgang fünfmal. Fühle, wie Du Dich mit jedem Atemzug mehr entspannst. Genieße das Gefühl völliger Muskelentspannung. Zeichne als nächstes im Geist ein Bild von dem Ort, an dem Du am liebsten reitest. Nimm den Anblick, die Geräusche und Gerüche dieses Ortes wahr. Schau Dich um und nimm die Szene in Dir auf: Hier bist Du. Du mußt nirgendwo hingehen und nichts anderes tun. Du hast die Zeit, Dich daran zu erfreuen, wo Du gerade bist. Atme wieder tief ein und entspanne Deinen Geist.

Sieh, wie Dein Pferd zu Dir gebracht wird, mit glänzendem Fell, gespitzten Ohren, in freudiger Erwartung auf den gemeinsamen Ritt. Du gehst zu Deinem Pferd und streichelst seinen Hals. Das Pferd dreht sich zu Dir um und schnuppert an Dir. Langsam ziehst Du den Gurt nach und ziehst die Steigbügel herunter. Danach steigst Du auf. Atme tief ein und nimm den Geruch des Pferdes und des Leders in Dir auf.

Während ihr über den Reitplatz schreitet, voll Bewunderung für die perfekten Bewegungen des Pferdes, siehst Du, daß ein Freund wohlüberlegt zwei einladende Hindernisse aufgebaut hat: einen kleinen Steilsprung auf der einen und einen kleinen Oxer auf der anderen Seite. Beide Hindernisse haben genau die richtige Höhe und Breite für Dich und Dein Pferd. Wenn Du bereit bist, laß Dein Pferd antraben. Beachte, wie harmonisch und bereitwillig das Pferd auf Deine Hilfen reagiert. Fordere nun Dein Pferd auf, anzugaloppieren. Das Pferd reagiert sofort und ihr bewegt euch mühelos in einem langsamen, rhythmischen Galopp vorwärts. Du spürst die Energie und die Kraft Deines Pferdes im Galopp. Euer Rhythmus ist entspannt und doch energiegeladen. Du läßt das Pferd mehr vorwärtsspringen und kehrst dann wieder zu einem versammelteren Galopp zurück, um die Aufmerksamkeit Deines Pferdes zu prüfen. Das Pferd reagiert willig auf jede Hilfe und bleibt dabei ganz leicht in Deiner Hand. Du fühlst Dich wohl, bist bereit und ihr reitet auf das erste Hindernis zu – den Steilsprung. Die Ohren des Pferdes sind dabei freudig gespitzt. Du stellst Dir einen großen Galoppsprung vor und gibts mit den Händen nach, als ihr den richtigen Punkt für den Absprung erreicht habt. Als Antwort darauf springt das Pferd mühelos über das Hindernis. Du reitest einen Zirkel und reitest dann erneut das Hindernis an. Wieder reagiert das Pferd und zeigt seine Bereitschaft und Gewandtheit. Jetzt ist es an der Zeit, den Oxer zu springen. Du fühlst die geballte Energie des Pferdes, als ihr auf das Hindernis zureitet. Ihr kommt genau richtig an das Hindernis heran. Du setzt diese Energie frei und das Pferd springt mühelos ab. Du fühlst die Kraft Deines Pferdes, als es seinen Körper streckt und in die Luft erhebt. Du hast das Gefühl, als ob Dein Pferd Pegasus wäre – ein geflügeltes Wesen aus der Mythologie.

Noch bevor Du den Wunsch ausgesprochen hast, siehst Du, daß Dein Freund den Oxer erhöht hat. Voller Vertrauen reitest Du eine Wendung und reitest den Oxer zum zweitenmal an. Das Pferd versammelt sich, wie in Zeitlupe, und Du gibst automatisch nach. Das Pferd springt ab und streckt sich gen Himmel. Ihr fliegt, und es scheint eine Ewigkeit zu dauern, bis ihr sanft landet.

Nach dieser Aufwärmrunde weißt Du, daß ihr es mit jeder Herausforderung aufnehmen könnt. Zusammen seid ihr ein unschlagbares Paar. Langsam parierst Du Dein Pferd zum Schritt durch und klopfst es. Ihr streckt euch und genießt das Gefühl, eure Sache gut gemacht zu haben. Dies ist Dein Ritt, in all seiner Perfektion. Du brauchst nur die Augen zu schließen und tief einzuatmen, und Du kannst diese speziellen Gefühle empfinden, wann immer Du möchtest.

Wenn Du bereit bist, hebe langsam Deinen Kopf und atme tief und entspannend ein. Du hörst allmählich wieder die Geräusche in dem Raum, in dem Du sitzt. Jetzt kannst Du Deine Augen öffnen. Stehe nicht zu schnell auf. Genieße dieses friedliche und erholsame Gefühl. Stehe dann auf und streck' Dich.

Die geführten Meditationen aus den Aufgaben 24 und 25 helfen dabei, Höchstleistungen zu ermöglichen. Wenn wir uns und unser Pferd dabei „sehen" und „fühlen" können, wie wir höchste Leistungen erbringen, ist es auch genau das, wonach wir streben werden. Die geführte Meditation ist einerseits ein Werkzeug für die Zielsetzung und andererseits zeigt sie uns, wie es sein könnte, gemeinsam mit unserem Pferd Höchstleistungen zu erleben. Ein positives Ziel und ein kinetisches Gefühl für einen perfekten Ritt steigern die Chancen, diesen zu erreichen. Eine saisonale Planung steigert ebenfalls die Chancen auf einen stetigen Leistungsfluß. Unserer Meinung nach muß sich der Reiter, der wirklich Höchstleistungen erreichen will, einen systematischen Zeitplan aufstellen. Wir wollen nun untersuchen, warum das so ist.

Jährlicher Leistungszyklus

Für den Turnierreiter ergibt sich eine ständig fortschreitende Entwicklung – oder auch das Fehlen dieser – aus saisonaler Planung. Der Grund ist einleuchtend: Außerhalb der Turniersaison widmen die meisten Reiter viel Zeit der Entwicklung und Verbesserung ihrer Fertigkeiten. Aber während wir das tun, verlieren wir oft die richtige Turniereinstellung (Kampfgeist). Es erfordert Zeit, für die Turniere wieder richtig einsatzbereit zu sein, und daran müssen wir denken, wenn die ersten Turniere ausgeschrieben sind. Wie wir unsere Turniersaison einteilen, hängt davon ab, in welcher Disziplin und wo wir starten. Viele Turnierreiter planen ihre Turniersaison chronologisch, weil sie zu ganz bestimmten Zeiten Höhepunkte, Tiefpunkte und Zwischenstationen in ihren Leistungen erwarten. Ein hochrangiger europäischer Vielseitigkeitsreiter wird wahrscheinlich Höchstleistungen für wichtige Turniere wie Badminton im Frühling und Boekelo und Burghley im Herbst einplanen.

Tiefpunkte sind Gelegenheiten, um wieder Kraft zu schöpfen und an neuen Fertigkeiten/Lektionen zu arbeiten. Dieser Prozeß wird für die Zeit außerhalb der Turniersaison eingeplant. Zwischenstationen haben ebenfalls ihren Platz im jährlichen Zyklus, am besten zu Beginn der Saison, wenn wir uns mit der Automatisierung oder Überarbeitung von Turnierlektionen beschäftigen. So gibt es in jeder Saison ein ständiges „auf und ab", unabhängig von der gewählten Disziplin. Die gewissenhafte Planung der einzelnen Segmente verhilft zu einer optimalen Vorbereitung und steigert dadurch die Möglichkeit, Höchstleistungen zu erbringen.

Auch Freizeitreiter können einen Jahresplan für sich entwickeln, der darauf gerichtet ist, angestrebte Ziele zu verwirklichen. Diese Ziele könnten z. B. ein Reiterurlaub oder die Teilnahme an einem Kursus sein. Solche Freizeitziele kann der Reiter planen und sich darauf vorbereiten, auch das bringt ihn seinem ultimativen reiterlichen Ziel näher. Ziele für den Frühling könnten z. B. sein, früher Erlerntes aufzufrischen oder neue Fertigkeiten hinzuzulernen. Oder sogar auch, sich wieder mit offenem Gelände vertraut zu machen, nach einem kalten, verschneiten Winter, während dessen er nur drinnen reiten konnte.

Jede Phase, die nicht zur „eigentlichen Saison" gehört, kann dazu genutzt werden, das erforderliche Können zu verbessern. In der Vorbereitungsphase – der „Vorsaison" – können die erlernten Fertigkeiten in der passenden Umgebung ausprobiert werden. Voller Selbstvertrauen und gut vorbereitet ist der Reiter dann in der Lage, seine höchsten Ziele zu verwirklichen.

Aufgabe 26

Die überwiegende Mehrheit aller Sportler entwickelt formalisierte, saisonangepaßte Pläne. In der Regel wählen sie zuerst einige Turniere/Wettbewerbe oder Ziele für das Jahr aus. Dann bestimmen sie turniervorbereitende Übungen und neu zu erlernende Fertigkeiten/Lektionen, die sie zu ihren Zielen führen. Bearbeite die folgenden Fragen und integriere die Ergebnisse in Deinen Leistungsplan für die nächste Saison.

1. *Setzt Du Dir vom Beginn der Saison an klare Leistungsziele? Wenn ja, beziehst Du den Erwerb körperlicher Fähigkeiten und größerer Erfahrung genauso ein wie Turnierergebnisse?*
2. *Kontrollierst Du bewußt die Entwicklung Deiner Fähigkeiten und Deiner mentalen Einstellung in der Vorbereitungsphase und bei Prüfungssimulationen?*
3. *Vorausgesetzt Du hast die ersten beiden Fragen mit „ja" beantwortet – nutzt Du die erlangten Informationen zum Erlernen wichtiger Lektionen und zur Überprüfung Deiner Fortschritte bezüglich Deiner Hauptziele?*

Zusammenfassung

In diesem Kapitel haben wir Erklärungen dafür gegeben, warum Reiter Höhepunkte, Tiefpunkte und Zwischenstationen erleben. Oft werden veränderte Leistungen dem Zufall zugeschrieben und abergläubische Menschen meinen, daß sei Schicksal. Es gibt jedoch viele logische Erklärungen für diese Unterschiede.

In erster Linie ist es hilfreich, ein Bewußtsein dafür zu entwickeln, wie wir lernen, in welcher Phase der Saison wir am besten lernen und wieviel Zeit wir benötigen, neue Lektionen in unser Können zu integrieren. Wir sollten außerdem verstehen, daß das Gefühl, ungeschickt zu sein, völlig normal ist, wenn wir uns auf unbekanntes Gebiet begeben. Wenn wir das akzeptieren und uns darauf vorbereiten, werden wir diese Phase schnell hinter uns lassen. Manche Menschen fürchten sich vielleicht davor, Fehler zu machen, aber niemand kann lernen, ohne daß Unannehmlichkeiten oder Irrtümer auftauchen, und eine Verbesserung erreicht jeder nur durch stetiges Üben.

Wenn wir bedenken, daß jede Lernphase unterschiedlich ist, und daß der Lernprozeß Gefühle hervorruft, die jeder kennt, können wir schneller und leichter lernen. Wir müssen uns an den Gedanken gewöhnen, daß es im Lernprozeß eine Entwicklung von Ungeschicktheit hin zu Erfahrung gibt, die wir einplanen müssen, wenn wir etwas Neues erlernen. Eine alte Weisheit sagt: „Wenn wir am Planen scheitern, planen wir zu scheitern." Als Reiter müssen wir planen und vorbereiten, um unsere Ziele zu erreichen. Kurz gesagt: Wenn wir die Initiative ergreifen, sind wir nicht länger Opfer der Umstände.

1. *Es gibt einen natürlichen Lernzyklus, und wir sollten die positiven Qualitäten jeder Phase in diesem Zyklus schätzen.*

2. *Wir sollten uns unserer stufenweisen Fortschritte innerhalb des Lernzyklus bewußt sein.*

3. *Höhepunkte, Tiefpunkte und Zwischenstationen sollten so eingeplant werden, daß sie zu geeigneten Zeiten im Trainingsplan auftreten.*

Das Turnierprogramm

*Lerne, alle neuen Dimensionen in Deine Gegenwart
und Deine Zukunft zu integrieren...
Erlange im Glauben an Dich selbst die höchste Vollendung,
strebe danach, greife danach...*

Diane Westlake

Viele Menschen fragen sich, warum einige erfolgreich sind, während andere in der Hitze des Gefechts Schwierigkeiten haben. Manche Menschen haben unheimlich viel Talent, haben aber Probleme, ihr reiterliches Können auf dem Turnier zu entfalten. Andere übertreffen mit ihren Leistungen sämtliche Erwartungen, wenn sie unter Druck stehen. Es gibt einen deutlichen Unterschied zwischen diesen beiden Gruppen. Diejenigen, die in hohem Maße erfolgreich sind, scheinen ihr Vorgehen auf dem Turnier genau festgelegt zu haben, wohingegen andere ihre Turniertaktik jedesmal ändern, sie finden keine Vorgehensweise, mit der sie gut klarkommen. In diesem Kapitel werden wir darüber sprechen, wie der Reiter sich ein Programm zusammenstellen kann, das es ermöglicht, sein ganzes Können unter Turnierbedingungen zu zeigen. Einige der Vorschläge stehen mit bereits besprochenen Grundsätzen in Verbindung. Andere Ideen werden zum erstenmal angesprochen. Alle sind aber speziell darauf zugeschnitten, die Leistungen auf dem Turnier zu verbessern.

Bestandteile des Turnierprogramms

Es gibt verschiedene Bestandteile eines Turnierprogramms, die in Betracht gezogen werden müssen. Jeder davon trägt zu den Turnierergebnissen bei, die wir erzielen. 1996 übernahmen wir die Vorbereitung der Teilnehmer aus fünf Nationen an Olympischen und Para-Olympischen Spielen. Einige davon hatten sich früher schon einmal an formalisierte Turnierpläne gehalten, für andere war das neu. Aber am Ende dieses zweitägigen Arbeitskreises hatten alle folgendes entwickelt: Turniersimulationen, Packen der Ausrüstung, die Fahrt zum Turnier, Ankunft auf dem Turnierplatz, Gewöhnung an das Turniergelände, was wird gegessen, wo wird geschlafen und wie wird während der Prüfungen vorgegangen. Viele dieser Strategien können, unabhängig von der Leistungsstufe angewandt werden, um optimale Ergebnisse zu erzielen.

Der Leser wird feststellen, daß viele Teile des Turnierprogramms, die wir besprechen wollen, in chronologischer Reihenfolge erstellt sind, beginnend mit einer allgemeinen Vorbereitung der Fertigkeiten/Lektionen im Vorfeld des Turniers und abschließend mit der Teilnahme am ersten Turnier. Nach jedem Turnier beginnt dieser Kreislauf aufs neue, bis zum Ende der Saison.

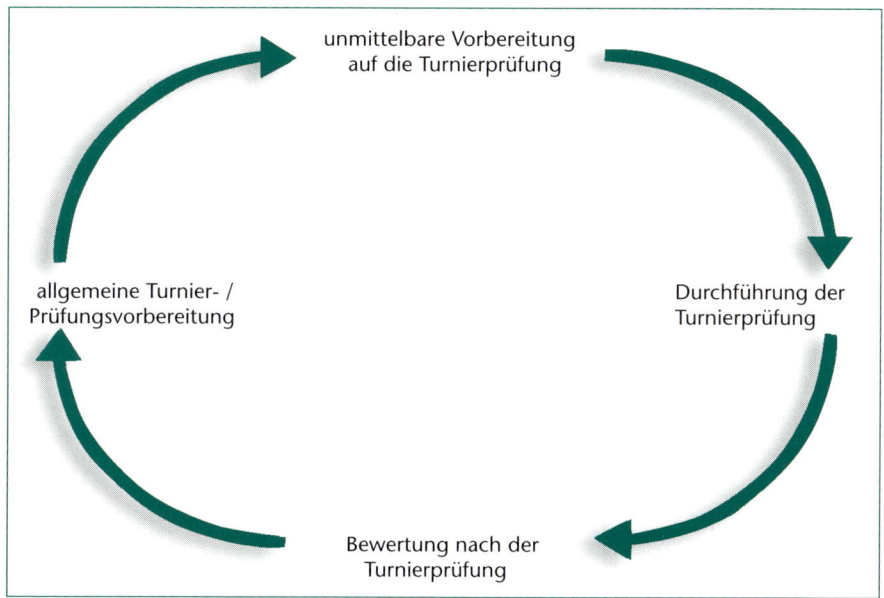

unmittelbare Vorbereitung
auf die Turnierprüfung

Durchführung der
Turnierprüfung

Bewertung nach der
Turnierprüfung

allgemeine Turnier- /
Prüfungsvorbereitung

Abbildung 4: Der Turnierkreislauf

Einteilung der Zeit und Planung

Der Eintritt in die Turniersaison beginnt bereits vor dem ersten Turnier. Ein aktiver Turnierreiter ist einer, der Ziele festgelegt hat und sich dann persönlich dafür einsetzt, sie zu verwirklichen. Auch wenn die Turniersaison selbst vielleicht nur kurz ist, erstreckt sich die Arbeit eines Turnierreiters auf das ganze Jahr. Die Zeit außerhalb der Saison nutzen viele von uns für andere Dinge, wir kümmern uns um uns selbst, unsere Ausrüstung und unsere Pferde. Verschiedene Schreibwarengeschäfte verkaufen Kalender mit einer Ganzjahresübersicht. (Auch wenn manche Menschen diese Kalender nicht mögen, sind diese Kalender sehr praktisch...) Diese Kalender sind sehr praktisch, um Turnierpläne (Termine) und Planungen für die Zeit außerhalb der Turniersaison und für die Vorsaison zu entwerfen.

Aufgabe 27

Schaffe Dir den diesjährigen Kalender mit einer Ganzjahresübersicht an. Trage Deine Turniertermine und ebenso folgende andere Termine ein:

- *persönliche Termine – private Angelegenheiten*
- *Pflege und Reparatur der Ausrüstung für das Pferd*
- *Kaufen neuer Reitbekleidung und Reparatur*
- *Wartung von Pferdehänger und Zugfahrzeug*

- *persönliche Gesundheitsangelegenheiten – Zahnarzttermine und ärztliche Untersuchungen*
- *Gesundheit des Pferdes – ärztliche Untersuchungen, Impfungen, Wurmkuren*
- *Planung der reiterlichen Weiterentwicklung (wann wird was geübt, wann werden neue Lektionen hinzugefügt, usw.)*
- *Fitnessprogramm für Reiter und Pferd*
- *Ernährungsangelegenheiten für Reiter und Pferd während und außerhalb der Turniersaison*
- *Verlängerung der Mitgliedschaft im Reitverein*

Prüfungssimulationen

Sind Pferd und Reiter erst einmal fit und erfahren genug, gibt es weitere Vorbereitungsmethoden für die bevorstehenden Ereignisse. Simulationen (Probeprüfungen) sind Trockenübungen, bei denen Turnierbedingungen nachgestellt werden können. Bei der Entwicklung dieser Simulationen sollten, unabhängig von der Disziplin, folgende Richtlinien beachtet werden:

1. Der Reiter muß die Grundsätze der benötigten reiterlichen Fertigkeiten/Lektionen verstehen und die Fähigkeit entwickeln, sie auszuführen.
2. Die erforderlichen Lektionen sollten erst einzeln geübt werden.
3. Beherrscht der Reiter die einzelnen Lektionen, sollten zwei oder drei Lektionen miteinander kombiniert und geübt werden.
4. Die vollständige Prüfung sollte in geeigneter Trainingsumgebung simuliert werden.
5. Als nächstes sollten einige Ablenkungen und Schwierigkeiten integriert werden, wie schwierige Bodenverhältnisse, schlechtes Wetter und Lärm.
6. Dann sollten mehrere dieser Faktoren gleichzeitig in die Übung eingebaut werden.
7. Die Simulation sollte, falls die Möglichkeit besteht, auf einem ungewohnten Platz durchgeführt werden.

Es folgen Simulationstechniken für Dressur, Springen und Vielseitigkeit. Jede bezieht sich auf die oben beschriebenen Punkte.

Dressursimulation

Wir empfehlen das folgende methodische Vorgehen. Zuerst sollte sich der Reiter die Aufgabe durchlesen und sich mit den Lektionen und ihrer Reihenfolge vertraut machen. Als nächstes soll ein maßstabsgerechtes Schaubild des Dressurvierecks erstellt werden, in das jede Bewegung so präzise wie möglich eingetragen wird. Jede Markierung soll der Reihe nach markiert werden: z. B. Schrittphasen mit Punkten, Trabphasen mit gestrichelter und Galopphasen mit durchgezogener Linie.

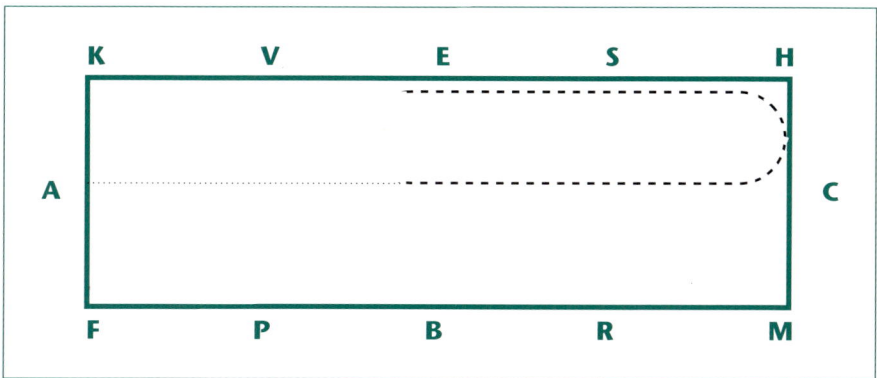

Abbildung 5: Maßstabsgetreues Dressurviereck 20 x 60 m

Sobald der Reiter sich die Schwierigkeiten der Dressurprüfung eingeprägt hat, ist es Zeit für die körperliche Vorbereitung, indem er einzelne Teile der Prüfung reitet. Hat das gut funktioniert, verbindet er diese Teile zu einzelnen Bewegungsabläufen und dann zu Segmenten aus vier oder fünf Bewegungsabläufen. Je nach Schwierigkeitsgrad kann eine Prüfung in drei bis sechs Segmente aufgeteilt werden. Jedes einzelne Segment übt und verbessert der Reiter dann, bis er mit dem Ergebnis zufrieden ist. Als nächstes übt er größere Abschnitte der Dessurprüfung, indem er die Segmente miteinander verbindet, bis er schließlich in der Lage ist, eine komplette, fehlerfreie Prüfung zu absolvieren. In der Woche vor dem Turnier sollte der Reiter alle Simulationen, beginnend mit dem Abreiten, in Turnierkleidung mit eingeflochtenem Pferd reiten. Dadurch soll er sich wieder an die Turnierkleidung und die Abreitetechnik gewöhnen. Reiter, die in höheren Klassen starten, sollten auch Richterattrappen in Erwägung ziehen, die sie bei H, C und M oder bei B und E aufstellen. Auch laute Zuschauer mit Schirmen und Hunden können eingebaut werden, um Methoden entwickeln zu können, mit diesen Ablenkungen/Störungen umzugehen.

Simulation einer Springprüfung

Als erstes springt der Reiter einen kleinen Steilsprung und dann einen Oxer in der Mitte des Abreiteplatzes. Hat er die einzelnen Hindernisse (von erforderlicher Höhe und Breite) problemlos gesprungen, übt er als nächstes Segmente mit zwei und drei Hindernissen, zuerst mit geraden Wegen und normalen Distanzen, dann mit Wendungen und schwierigeren Abmessungen pro Segment. Hat er sich daran gewöhnt, erhöht er die Anzahl der Hindernisse bis zu einem kompletten Parcours mit zwölf bis fünfzehn Hindernissen. Sobald er den ganzen Parcours zufriedenstellend gesprungen ist, sollte er die Länge des ganzen Parcours abmessen oder abschätzen und ihn dann noch mal in dem für die nächste Springprüfung vorgesehenen Tempo reiten. Handelt es sich bei der Prüfung um ein Zeitspringen, sollte er auch den Absprung aus der Wendung heraus üben. In der Woche vor dem Turnier sollte der Reiter die ganze Situation mit Start-Ziel-Linie, Zeitnehmer und mit jeder möglichen Form der Ablenkung, die eventuell auf ihn und sein Pferd zukommen, üben.

Simulation einer Geländeprüfung

Die Geländesimulation müßte, im Gegensatz zu der Simulation einer Dressur- oder Springprüfung, mit der Arbeit an der erforderlichen Geschwindigkeit beginnen. Der Reiter beginnt mit der Simulation, indem er über ein ausgedehntes Feld oder über eine Bahn mit passendem Untergrund galoppiert. Dabei erhöht oder verlangsamt er das Tempo und verändert dabei das Tempo so, wie es für eine Turnierprüfung erforderlich ist. Er soll in der richtigen Haltung und mit gleicher Steigbügellänge wie auf dem Turnier reiten.

Ist er mit der Galopparbeit zufrieden, reitet er einzelne, einfache Hindernisse an. Als nächstes übt er, drei bis fünf Hindernisse in Folge zu springen. An dieser Stelle ist es sehr wichtig, daß er mit seiner Leistung zufrieden ist. Als nächstes übt er größere Segmente mit zehn bis fünfzehn Hindernissen. Obwohl eine Geländeprüfung länger ist, ist die Intensität der vorgeschlagenen Übung ausreichend. Wichtig ist hierbei, daß die Hindernisse den gleichen Schwierigkeitsgrad und die gleichen Ausmaße wie die auf dem nächsten Turnier haben. Als letztes sollte er in Turnierkleidung reiten und auch Dinge wie das Überprüfen der Ausrüstung, den Start, Zeitnahme und schlechtes Wetter in die Simulation einbeziehen. (Und er muß bedenken, daß er als Vielseitigkeitsreiter alle drei Disziplinen simulieren sollte.)

Aufgabe 28

Plane nun eine Simulationsstrategie, die für Dich, Dein Pferd und Deine Disziplin geeignet ist. Dokumentiere bei der Ausarbeitung der Details Deine Fortschritte anhand folgender Kriterien.

1. Hast Du Dir die Schwierigkeiten jeder Dressurlektion eingeprägt oder nur die generelle Linienführung, Übergänge und Tempi?
2. Beginnst Du während der körperlichen Vorbereitung mit einzelnen Komponenten, bevor du zu umfangreicheren Segmenten übergehst? Überlege Dir Veränderungen, durch die Du Dich auf Deine nächste Simulation besser vorbereiten kannst.
3. Welche Ablenkungen und erhöhten Schwierigkeitsgrade möchtest Du in Deine nächste Simulation mit einbeziehen? Erstelle eine Liste darüber.
4. Gibt es nach Abschluß Deiner Prüfungssimulation irgendwelche Störfaktoren, die Du beim nächstenmal einbeziehen oder ausschließen möchtest?

Persönliche Vorbereitung und Packen der Ausrüstung
Wenn der Tag des Turniers näherrückt, haben viele von uns festgelegte Vorgehensweisen, den Vorbereitungsprozeß abzurunden. Dies zeigt dann die Beendigung unserer gesamten Turniervorbereitungen an. Einige Reiter gehen zum Friseur oder zur Massage, kaufen noch schnell etwas ein oder gehen am Abend aus, bevor sie zum Turnier fahren. Andere nehmen sich Zeit für sich selbst, leihen ein Video aus oder schauen ein Video von einem ihrer Turniere an. Diese Strategien sollten immer auf die eigene Persönlichkeit und auf die eigenen Erfahrungen abgestimmt sein. Aktivitäten, die das Reiten betreffen, sollten entspannend sein und eine positive Einstellung vermitteln. Alles, was das Selbstvertrauen und die Selbstachtung steigert, ist von großem Nutzen für die eigene Leistungsfähigkeit. Der Reiter kann z. B. sein Lieblingsgericht essen, entspannende Musik anhören, eine lange Dusche nehmen oder etwas Zeit mit netten Leuten verbringen – und natürlich können auch einige der Entspannungsübungen aus den vorherigen Kapiteln angewandt werden.

Das Vorgehen beim Zusammenpacken seiner Ausrüstung ist wichtig für eine positive Stimmung. Jeder hat seine übliche Aufstellung der Dinge, die er mitnehmen will. Aber diese Liste sollte möglichst auch Dinge enthalten, die nicht nur zum Reiten benötigt werden. Als Pferdeliebhaber wollen wir natürlich so gut wir möglich für unsere Pferde sorgen, vergessen dabei aber oft uns selbst. Jeder gewöhnt sich anders an Hotelzimmer, Wohnwagen oder Zelte und könnte z. B. seine eigene Bettdecke, sein bevorzugtes Duschgel, Shampoo und andere Dinge für sein Wohlbefinden mitnehmen. Außerdem sollte bequeme Kleidung für die Reise, für Abendvergnügungen und für die Freizeit eingepackt werden. Kurz gesagt Dinge, die notwendig, vertraut und beruhigend sind.

Formalisierte Vorgehensweisen auf dem Turnier
Viele Reiter fühlen sich etwas verunsichert, wenn sie auf dem Turniergelände ankommen. Dem kann abgeholfen werden, indem der Reiter folgende Dinge vorplant: Begrüßen anderer Turnierteilnehmer, Auspacken, Gewöhnung an das Turniergelände, Training auf dem Turniergelände, wann und wo gegessen und geschlafen wird, direkte Vorbereitung auf die Prüfung, Abreiten und das Reiten der Prüfung selbst. Sämtliche dieser Vorgehensweisen auf dem Turnier werden wir jetzt besprechen.

Begrüßen anderer Turnierteilnehmer
Wie der Reiter sich mit anderen Turnierteilnehmern und Offiziellen versteht, kann von großer Bedeutung für sein Wohlbefinden während

des Turniers sein. Er sollte sich deshalb vorher überlegen, wie er an andere Menschen herantritt. Entweder verbringt er Zeit mit Freunden oder Bekannten oder er bleibt lieber alleine, je nachdem, was ihm wichtiger ist. Sein Vorgehen kann er so abstimmen, daß er mit seinem eigenen Sozialverhalten zufrieden ist und sich gleichzeitig auf sein Reiten konzentrieren kann. Neben den Überlegungen, wie er andere Turnierteilnehmer und Offizielle begrüßt, sollte er auch bedenken, wie er am besten auf ihr Verhalten reagiert. Viele von uns sind z. B. mit anderen Turnierteilnehmern befreundet. Aber für einige unserer Freunde stellt ein Turnier eine große Belastung dar, und dieser Streß kann auch den gutmütigsten Menschen auf die Probe stellen. Manchmal reagieren unsere Turnierkameraden selbst auf freundliche Annäherungsversuche ziemlich gereizt, wenn sie nervös sind. Deshalb sollte jeder ein weniger freundliches Verhalten anderer nicht als persönliche Beleidigung auffassen. Statt dessen ist es besser, die nervösen Reaktionen anderer Menschen als Teil der Turnierumstände zu akzeptieren. Außerdem werden die anderen uns gegenüber auch toleranter, wenn wir bereit sind, ihr Verhalten zu akzeptieren. Deshalb sollte sich jeder besser auf die Verwirklichung seiner eigenen Ziele auf dem Turnier konzentrieren und Spaß an der Arbeit und an den Erfolgen haben, als sich durch kleinere persönliche Probleme von seinen Aufgaben abhalten zu lassen.

Auspacken der Ausrüstung und Gewöhnung an das Turniergelände

Ein erster Teil unserer Turnierorganisation ist das Auspacken der Ausrüstung und das Erkundschaften des Turniergeländes. Die meisten Turnierteilnehmer beginnen ihren Eingewöhnungsprozeß, indem sie ihre Ausrüstung vorbereiten. Wenn wir durch die Stallungen gehen, können wir sehr viel über die Organisation und die persönlichen Bedürfnisse eines Reiters lernen. Einige packen gar nicht richtig aus. Stattdessen lassen sie ihre Ausrüstung in ihrer Turnierkiste und verbringen viel Zeit damit, sie zu durchwühlen, um die benötigten Dinge zu finden. Abgesehen davon, daß diese Menschen völlig desorganisiert sind, gewöhnen sie sich nicht wirklich auf dem Turniergelände ein. Tatsächlich haben sie sich schon darauf eingestellt, so schnell wir möglich wieder nach Hause zu fahren, sobald das Turnier beendet ist.

Andere Reiter scheinen besser organisiert zu sein: Ihre Decken, Trensen, Sattelhalter, Putzzeug und das Pferdefutter stehen bereit. Diese Menschen sind sowohl physisch als auch mental gut organisiert, können dadurch ihre Zeit effektiver nutzen und sind eher in der Lage, ihre Erwartungen zu erfüllen.

Ein Reiter kann seine mentale Organisation steigern, indem er sich mit dem Turniergelände vertraut macht. Wichtige Gründe dafür sind: Zuerst muß er wissen, wo die Meldestelle, der Tierarzt, der Hufschmied, der Platzwart, der Stallverwalter, Dressur- oder Springplätze oder die Geländestrecke sind. Wenn er weiß, wo alles ist, kann er als nächstes das Vorbereiten seiner Turnierstrategie in Angriff nehmen. Anhand der bereits gesammelten Informationen kann er festlegen, wo der Pferdepfleger zu bestimmten Zeiten sein soll, wo er sein Pferd trainieren und abreiten kann und wie lange er vom Abreiteplatz zum Dressurplatz oder zum Einlaß am Springplatz braucht. Die verschiedenen Merkmale des Turnierplatzes kann er überdies in seine metaphorischen Übungen für das Turnier einfließen lassen.

Metaphorische Übungen für die Turnierprüfung

Diese Übungen sind ein grundlegender Bestandteil für die mentale Vorbereitung auf eine Turnierprüfung. Dressur- und Vielseitigkeitsreiter wissen frühestens einen Tag vor dem Turnier, wie das Dressurviereck oder die Geländestrecke aussehen. Diese Reiter sollten sich ihre Prüfung einen Tag vorher vom eigenen Blickwinkel aus vorstellen. Diese Übung sollte dann Orientierungspunkte im Gelände, Boden- und wahrscheinliche Wetterverhältnisse sowie ein Publikum einschließen.

Aufgabe 29

Mache Dich auf Deinem nächsten Turnier mit dem Turniergelände vertraut. Stelle es Dir dann, entweder einen Tag vor der Prüfung oder am gleichen Tag, so vollständig und genau wie möglich vor. Konzentriere Dich darauf, Dir eine perfekte Leistung in der bevorstehenden Prüfungsumgebung vorzustellen.

Training auf dem Turniergelände

Hin und wieder haben wir Reiter beobachtet, deren Turnierergebnisse während der Trainingseinheiten auf dem Turnierplatz nachteilig beeinflußt wurden. Eine typische Szene beginnt z. B. mit einem nervösen und ängstlichen Pferd, auf das der Reiter ärgerlich und ungeduldig reagiert. Nach einer langen und anstrengenden Trainingssitzung gibt das Pferd schließlich den Forderungen des Reiters nach, aber eher, weil es müde ist und nicht aus Bereitwilligkeit. Die Prüfung am nächsten Tag absolviert das Pferd dann in der Regel ziemlich matt, zwar gehorsam, aber ohne Begeisterung. Solche Schwierigkeiten sind oft das Resultat von Selbstzweifeln und Nervosität des Reiters. Um diesen negativen Einflüssen entgegenzuwirken, bestärken wir Sportler und Reiter darin, ein Turnier als Glaubenssprung zu sehen. Realistisch gesehen haben wir uns so gut wie möglich vorbereitet, wenn wir auf dem Turnierplatz ankommen. Dann ist es an der Zeit, loszulegen und sich selbst und seinem Pferd zu vertrauen.

Es gibt jedoch eine abschließende Trainigsmethode, die sowohl nützlich als auch aufbauend ist. Wir empfehlen dem Reiter, sich an einen Trainingsplan für das Turnier zu halten, der einerseits den Ton für die bevorstehende Prüfung angibt und andererseits Pferd und Reiter an das gewöhnt, was sie auf dem Turnierplatz sehen und hören. Der Reiter sollte jede Trainingeinheit im Schritt beginnen und dem Pferd dabei alle prüfungsrelevanten Dinge zeigen.Gemeinsam sollten sich Reiter und Pferd alle wichtigen Bereiche anschauen, bis sie sich in ihrer Umgebung wohlfühlen. Als nächstes sollten grundlegende Bestandteile des Abreiteprogramms geübt werden. Dieses Training sollte so gestaltet sein, daß es Pferd und Reiter Spaß macht, um so eine positive Einstellung für den nächsten Tag zu gewährleisten. Nach Beendigung des Trainings sollten Pferd und Reiter als Belohnung für gutes Arbeiten ein bißchen auf dem Turniergelände spazierenreiten. Dieser angenehme und entspannende Ritt ist entscheidend für gute Leistungen am nächsten Tag.

Mentale Vorbereitung am Abend vor der Prüfung

Am Abend vor der Prüfung beschäftigt sich jeder gerne mit gewohnten Dingen und Vorbereitungen. Zuerst sollte der Reiter sich Zeit für eine entspannende Dusche (oder Bad) nehmen. Dabei sollte er ruhig sein bevorzugtes Duschgel, Shampoo oder andere angenehme Dinge benutzen. Nach dem Duschen und Umziehen geht er dann mit Freunden und Helfern essen. An Menschen, wie seinen Pferdepfleger, Familienmitglieder oder gute Freunde, kann er sich wenden, wenn er Ermutigung oder Unterstützung braucht. Je nach Geschmack kann ins Restaurant gegangen oder selbst gekocht werden. Jeder von uns hat verschiedene Lieblingsgerichte, die optimales Arbeiten zu ermöglichen scheinen und sie zu essen, trägt zu einer positiven Einstellung bei. Der Reiter sollte also eine Liste seiner Lieblingsspeisen anfertigen, die er auf dem Turnier auch bekommen kann. Zudem ist der Abend vor der Prüfung eine gute Gelegenheit, eine positive Einstellung zu entwickeln – also sollte er damit beginnen, sein Turnierleben zu genießen.

Nach dem Essen sollte der Reiter zu seinem Schlafplatz zurückgehen, sich zurückziehen und sich mental auf die bevorstehende Prüfung vorbereiten.

Einige Reiter machen am Abend vor der Prüfung gerne metaphorische Übungen. Dabei stehen verschiedene Möglichkeiten zur Auswahl. Eine auf das Reiten bezogene Vorstellung bevorzugen in der Regel die Vielseitigkeitsreiter, die im Geiste noch mal die Geländestrecke durchgehen, sich damit vertraut machen und ihr Selbstvertrauen steigern wollen. Ein Dressurreiter kann sich auf ähnliche Weise seine bevorstehende Dressurprüfung vorstellen oder sich noch mal seine bisher beste Prüfung ins Gedächtnis rufen. Wer sich seiner Fähigkeiten zwar sicher, aber trotzdem etwas nervös ist, kann alternativ dazu eine entspannendere Übung ausprobieren, z. B. die geführte Metaphorikübung zur Entspannung und Erholung aus Kapitel 2.

Wichtig bei der Auswahl der mentalen Strategie ist nur, daß sie zu einer positiven Einstellung, klaren Gedanken und Entspannung führt. Viel zu oft neigen die Menschen dazu, Strategien auszuwählen, durch die sie nervös und unkonzentriert werden.

Für einen Reiter, der am Abend zuvor etwas unruhig ist, könnten Entspannungsübungen die beste Form der mentalen Vorbereitung sein. Möglichkeiten sind z. B. das Lauschen sanfter Musik in einem abgedunkelten Raum, Atemübungen, progressive Muskelentspannung oder auch ein gemütlicher Spaziergang (Entspannungstechniken wurden in Kapitel 5 besprochen). In diesem Kapitel legen wir besonderen Wert auf Methoden, die dazu beitragen, daß der Reiter sich wohlfühlt und Geist und Körper entspannt. Wer sich mental und körperlich vorbereitet fühlt, kann leichter einen guten Schlaf finden.

Anregungen für eine ruhige Nacht

Viele Sportler und Reiter haben manchmal Schlafprobleme in der Nacht vor einer Prüfung. Für diese Menschen haben wir einige Ideen. Als erstes sollten bei jeder mentalen Vorbereitung leistungsbezogene Vorstellungen ausgeschlossen werden. Statt dessen empfehlen wir, eine der zuvor besprochenen geführten Meditationen mit sanfter Instrumentalmusik anzuwenden. Eine andere Alternative für den Reiter wäre, einfach zu akzeptieren, daß er so gut wir möglich vorbereitet ist und ein bißchen auszugehen, anstatt eine bestimmte mentale Übung auszuprobieren.

Tatsache ist allerdings, daß einige Menschen vor einer Prüfung nicht richtig schlafen können, obwohl sie diese Empfehlungen befolgt haben. Wenn das passiert, sollten sie trotzdem nicht frustriert sein. Der Mensch kann, vorausgesetzt er ist genügend ausgeruht, auch ohne viel Schlaf gut arbeiten. Deshalb sollte er einfach akzeptieren, daß er nicht schlafen kann und sich entspannen. Dadurch bewahrt er Energie, die er sonst für Frustration und Ärger verschwendet.

Strategien für den Prüfungstag
Ein Turnier sollte immer eine schöne Zeit sein. An einem Turnier teilzunehmen ist eine Möglichkeit, seine eigenen Trainings- und Vorbereitungsmethoden mit denen anderer zu vergleichen und zu bewerten.

Möglicherweise ist der Reiter mit ihnen erfolgreich, aber vielleicht müssen sie auch noch mal überarbeitet werden. Aus dem richtigen Blickwinkel betrachtet gibt die Teilnahme an einem Turnier dem Reiter einige wertvolle Hinweise darauf, wie er am besten unter Druck arbeiten kann. Überdies kann er, wenn er für Erfahrungen empfänglich ist, einige wertvolle Lektionen über sich und sein Pferd lernen.
Er sollte den Prüfungstag mit einem gesunden, kräftigenden Frühstück beginnen. Viel zu oft haben wir Turnierreiter gesehen, die sorgfältig auf die Ernährung ihres Pferdes achteten und die eigene vernachlässigten. Wir alle brauchen ausreichend Nahrung und viel Flüssigkeit, um leistungsfähig zu sein. Deshalb sollte der Reiter auf jeden Fall auf eine gute Ernährung achten – selbst wenn das manchmal schwierig erscheint. Dabei sollte er darauf achten, daß er Dinge ißt, die nicht schwer im Magen liegen und leicht verdaulich sind.

Nach dem Frühstück sollte er zu seinen üblichen Vorbereitungen zurückkehren. Entweder gönnt er sich noch etwas Ruhe oder er zieht seine Turnierkleidung an und bereitet sein Pferd und die Ausrüstung für die Prüfung vor. Wichtig ist dabei nur, daß er dadurch seine Kräfte sammeln kann.

Aufgabe 30

Benenne einige Aktivitäten, die für die Vorbereitung auf eine direkt bevorstehende Prüfung hilfreich sind. Schreibe sie auf und sage Deinem Helferteam vor dem nächsten Turnier, daß diese Dinge für Dich wichtig sind.

Nach dem Abschluß aller Vorbereitungen ist es Zeit, aufs Pferd zu steigen. Dann sollte der Reiter mit dem zuvor festgelegten Programm beginnen. Dabei ist wichtig, daß er genauso vorgeht wie beim Training. Wenn er sich an eine konkrete Arbeitsstrategie hält, erzeugt das bei Pferd und Reiter ein Gefühl des Wohlbefindens und der Vertrautheit. Dabei muß er jeder Einzelheit des Abreitens die gebührende Aufmerksamkeit zukommen lassen, nichts auslassen und nichts überstürzen. Er sollte jeden Moment genießen – schließlich hat er hart dafür gearbeitet.

Während dessen sollte auch der Trainer eine vorher festgelegte Aufgabe haben. Einige Reiter bevorzugen aktive Unterstützung durch ihren Trainer, andere möchten, daß der Trainer nur einschreitet, wenn es notwendig ist. *(Ein Reiter, der bisher noch keine Vorgehensweise für das Abreiten entwickelt hat, sollte das unter der Anleitung eines erfahrenen Trainers ausprobieren. Innerhalb kürzester Zeit wird er in der Lage sein, ein geeignetes Verfahren für sich und sein Pferd festzulegen.)*

Aufgabe 31

Notiere eine Abreitetaktik fürs Turnier, die für Dich und Dein Pferd geeignet ist. Bestimme dadurch die einzelnen Bestandteile, die grundsätzliche Reihenfolge und wieviel Zeit Du für folgendes einplanst:
* *Schrittarbeit*
* *Trabarbeit*
* *Galopparbeit*
* *allgemeine Bestandteile (Übergänge oder einfache Hindernisse)*
* *Feinabstimmung (schwierigere Lektionen oder Hindernisse)*
* *letzte Hinweise vom Trainer.*

Vorgehensweisen während der Prüfung

Mit dem Einreiten in die Prüfung ist die Vorbereitungsphase abgeschlossen. Dann bleibt Pferd und Reiter nur noch, das zu tun, was sie können. Trotzdem gibt es einige Strategien, die zur Leistungssteigerung angewendet werden können. Ein Dressurreiter kann versuchen, sich ein wenig in Szene zu setzen und ein Bild völligen Selbstvertrauens darzustellen, was immer auch passiert. Dadurch wird er sich stärker und selbstsicherer fühlen. Unabhängig von der Disziplin kann er eine Art Prüfungsstrategie anwenden. Ein Springreiter könnte z. B. den Parcours in vier Abschnitte unterteilen. Dann kann er in jedem Abschnitt einen bestimmten Teil seiner Springstrategie anwenden. Im ersten Abschnitt mit der Startlinie und den ersten beiden Hindernissen kann er einen entspannten Rhythmus mit genügend Vorwärtstendenz entwickeln und die Hindernisse genau anreiten. Während des 2. Abschnitts – der Hauptteil des Parcours – kann er mehr vorwärts reiten oder den Rhythmus und Bewegungsfluß erhalten. Im 3. Abschnitt – dritt- und vorletztes Hindernis – kann der Reiter sich und sein Pferd noch mal zu Konzentration und Genauigkeit ermahnen. Im letzten Abschnitt – letztes Hindernis und Ziellinie – konzentriert sich der Reiter normalerweise auf eine erhöhte Aufmerksamkeit, eine verstärkte Genauigkeit, ein höheres Tempo auf die Ziellinie zu und dann auf einen ruhigen Ausklang. (Dies ist zwar ein Beispiel für einen Springreiter, aber Dressur- und Vielseitigkeitsreiter können einen ähnlichen Durchführungsplan entwickeln.)

Aufgabe 32

Unterteile Deine Dressur-, Vielseitigkeits- oder Springprüfung in vier Abschnitte (das Einreiten/Start und die ersten Lektionen/ Hindernisse, der Hauptteil, die letzten Lektionen/Hindernisse und das Ende/Ziel). Entwickle für jeden Abschnitt eine Taktik zur Durchführung der Prüfung. Bewerte nach Beendigung der Prüfung das Ergebnis aus jedem Abschnitt.

Empfindungen nach der Prüfung

Bevor wir den Nutzen einer Leistungsanalyse besprechen, müssen wir uns darüber bewußt sein, daß wir uns unmittelbar nach einer wichtigen Prüfung nicht immer sofort gut fühlen. Das stellt sich wie folgt dar, was keineswegs ungewöhnlich ist. Wochenlang – oder vielleicht sogar monatelang – hat der Reiter sich vorbereitet. Einige erstklassige Turnierreiter haben sich sogar über Jahre hinweg vorbereitet. Der Reiter hat eine Partnerschaft mit seinem Pferd entwickelt, mit seinem Trainer gearbeitet, darüber Buch geführt und sich mental vorbereitet. Er hat also tatsächlich alles getan, um sich auf das große Ereignis vorzubereiten. Egal, ob es sich um ein vereinsinternes Turnier, das erste offizielle Turnier oder eine internationale Meisterschaft handelt, das ist es, worauf er gewartet hat.

Er hat es geschafft. Er hat seine Sache wirklich gut gemacht, vielleicht sogar gewonnen. Aber warum fühlt er sich innerlich so leer? Das geschieht vielen Menschen. Olympiasportler, die eine Medaille gewonnen haben, sind bekannt für die Frage: „Ist das alles?"
Wenn der Reiter sich wochen- oder monatelang vorbereitet hat, kann es einige Stunden oder Tage dauern, bis er sich wieder beruhigt hat. Hat er sich über Jahre hinweg auf etwas vorbereitet, kann es sogar Monate dauern, bis sich die innere Aufruhr legt. Je höher der Einsatz

und je länger die Vorbereitungszeit, um so länger dauert es, bis er wieder ganz er selbst ist.

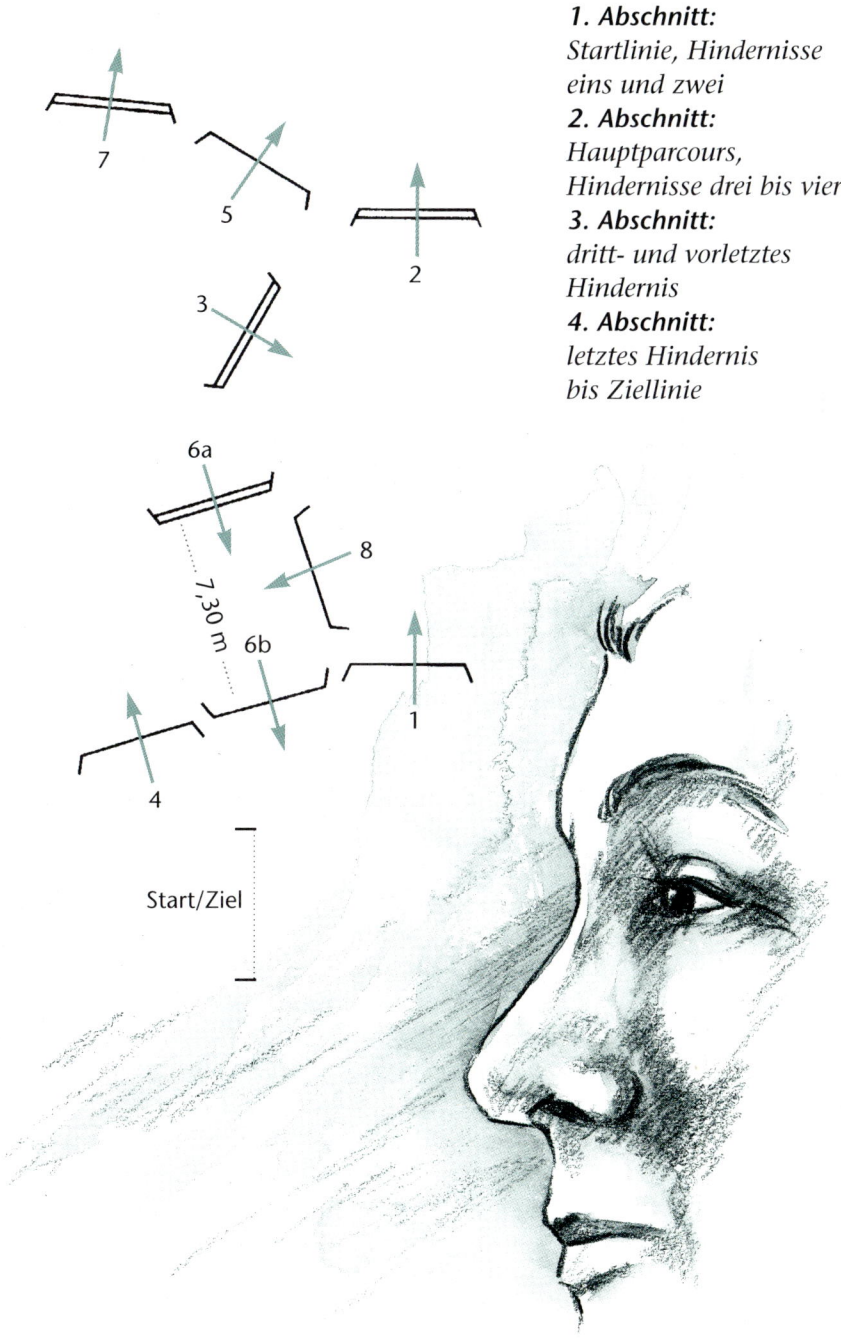

1. Abschnitt:
*Startlinie, Hindernisse
eins und zwei*
2. Abschnitt:
*Hauptparcours,
Hindernisse drei bis vier*
3. Abschnitt:
*dritt- und vorletztes
Hindernis*
4. Abschnitt:
*letztes Hindernis
bis Ziellinie*

Das ist etwas, worauf die Menschen sich nicht vorbereiten oder was sie nicht einplanen, obwohl sie das vielleicht tun sollten. Wenn ein Reiter seine Turniersaison vorplant, könnte er eine Art Tradition nach Beendigung eines Turniers einführen, wie z. B. ein Essen, bei dem er sich einfach entspannen, seine Gefühle herunterfahren und mit guten Freunden ein bißchen feiern kann. Er kann sie bitten, sich seine Einschätzung der Prüfung anzuhören, ohne direkt Kritik zu üben. Später, wenn er dazu bereit ist, kann er sie nach ihrer Meinung und ihren Ratschlägen fragen, aber direkt nach dem Turnier ist es wichtig, daß er sich selbst erst einmal abreagiert. Er sollte sich ebenfalls ein bißchen Zeit für sich selbst nehmen und Ordnung in seine Gedanken bringen, bevor er eine Abschlußanalyse anstellt und über seine Leistungen Buch führt.

Der Reiter muß verstehen, daß die beschriebenen Empfindungen zu erwarten sind, denn wenn er sie einplant oder sich mit ihnen befaßt, wird ihnen einiges an Härte genommen und er kann sich schneller wieder auf sein nächstes Ziel konzentrieren.

Anschließende Turnierbewertung und Leistungstagebuch

Nach Beendigung des Turniers sollte der Reiter seine Ergebnisse bewerten. Wir möchten behaupten, daß die Phase direkt nach dem Turnier die beste Zeit ist, seine Turnierstrategie zu verbessern. Mit jedem Turnier kann er viel darüber lernen, was funktioniert und was nicht. Interessant ist jedoch, daß viele Turnierreiter – selbst die in höheren Klassen – sich nicht die Zeit nehmen, das Gelernte zu erkennen und zu bewerten. Diesen Fehler sollte kein Reiter begehen, nach jedem Turnier sollte er seine Leistungen noch mal überdenken und daraus lernen. Danach ist der nächste logische Schritt, das Gelernte in eine Art Leistungstagebuch zu notieren. Dies ist notwendig, wenn er aus seinen Bewertungen den vollen Nutzen ziehen will; dazu sollte er die Methoden, die sich als erfolgreich herausstellten, aufschreiben und diejenigen überarbeiten, die lediglich zweckdienlich waren. Der Grund dafür liegt darin, daß er bei manchen Dingen sofort erkennt, daß sie verändert werden müssen, während andere Faktoren erst sichtbar werden, wenn er darüber nachdenkt oder nachdem er das tägliche Training wieder aufgenommen hat. Deswegen sollte beim Führen des Tagebuchs jeder Aspekt des Trainings und der Turnierprüfung, wie körperliche und mentale Vorbereitung, Stimmung, Konzentration, Aktivierung, Training und benutzte Ausrüstung, einbezogen werden.

Aufgabe 33

Führe auf jeden Fall ein Leistungstagebuch. Kaufe ein Notizbuch und trage gute und schlechte Ergebnisse ein. Bewerte Deine Arbeit in folgenden Bereichen: Prüfungssimulation, Vorgehen beim Packen, Ankunft auf dem Turnierplatz, Training, Ernährung, Pausen/ Erholung, mentale Vorbereitung, Prüfungsergebnisse.

Zusammenfassung

Die meisten Sportler konzentrieren sich auf das Verbessern technischer Fertigkeiten, wenn sie sich auf ein Turnier vorbereiten. Einige erkennen aber auch den Nutzen einer mentalen Vorbereitung, und einige wenige integrieren ganz bewußt ein vollständiges Programm zur mentalen Vorbereitung in ihr Training und ihre Turnierarbeit. Ein formalisierter Plan dieser Art vervollständigt die Entwicklung körperlicher Fertigkeiten, und wir glauben, daß das eine ausgeglichene Methode zur Leistungssteigerung ist.

Wer noch nie mentale Strategien als Teil seines organisierten Turnierprogramms angewendet hat, den mag der Gedanke erschrecken, noch mehr Zeit zu investieren. Aber das Einteilen seiner Zeit ist ein Bestandteil des mentalen Trainingsprogramms. Darüber hinaus kann der Reiter viele der besprochenen Strategien in Situationen anwenden, in denen er auf etwas warten muß. Wenn er z. B. im Wartezimmer beim Zahnarzt sitzt, kann er sein Tagebuch führen, entspannende Metaphorikübungen durchführen, an Atemübungen arbeiten, die progressive Muskelentspannung verbessern oder über seine letzte Höchstleistung nachdenken. Jeden Tag gibt es zahlreiche Momente wie diesen, wenn wir z. B. durch hohes Verkehrsaufkommen oder verspätete Verabredung aufgehalten werden. Dann waren wir womöglich frustriert, wütend oder angespannt. Aber diese Momente sollten nicht als verschwendete Zeit angesehen werden – der Reiter kann die Gelegenheit ergreifen, Fertigkeiten zur Steigerung seiner Turnierleistungen zu praktizieren. Wenn er nach einer Weile diese Verspätungen in nützliche Momente umgewandelt hat, wird er erfahrener in der Anwendung der einzelnen Strategien. Zudem hat er eine streßgeladene Situation zu seinen Gunsten genutzt und sich selbst gelehrt, von einem spannungsgeladenen Ich in einen ruhigeren und organisierten Zustand zu gelangen.

1. *Der Turnierplan tritt schon lange vor dem eigentlichen Turnier in Aktion.*

2. *Indem der Reiter seine Vorgehensweise für ein Turnier entwickelt und verbessert, wird er zu einem besser organisierten und selbstsicheren Reiter.*

3. *Auch das Helferteam (Trainer, Familie, Freunde, Pferdepfleger) sollte an der Vorgehensweise auf dem Turnier teilnehmen.*

4. *Ein Leistungstagebuch ist die beste Methode zu erkennen, was für ein Turnier gut und nützlich ist und was nicht.*

Die ausgeglichene Perspektive

Was hinter uns liegt und was vor uns liegt ist unbedeutend,
verglichen zu dem, was in unserem Innern liegt.

Ralph Waldo Emerson

Bis hierhin haben wir bestimmte sportpsychologische Fähigkeiten besprochen. Strategien zur Leistungssteigerung können jedoch in ihrem Umfang auf einen Bereich erweitert werden, den wir „die ausgeglichene Perspektive" nennen. Was ist damit gemeint? Wenn wir in die Welt des Reitens eintreten, erleben wir ihren Zauber auf vielerlei Art: Wir lieben den Geruch von Heu, Pferd und Leder, wir pflegen und sprechen mit unseren Pferden, wir treffen andere begeisterte Reiter und erzählen uns Anekdoten, wir erleben harmonische Momente während der Reitstunden und reiten durch wunderschöne Landschaften. Solche Momente sind nur einige Beispiele für den Zauber unseres Sports, aber tatsächlich ist jeder Teil in sich etwas Besonderes. Manchmal neigen wir dazu, uns zu sehr auf einen Bereich zu konzentrieren, auf Kosten der gesamten Freuden am Reiten. In Wirklichkeit empfinden wir dann immerwährende Freude, wenn alle Bereiche unserer reiterlichen Erfahrungen in einem ausgewogenen Verhältnis zueinander stehen. In diesem Kapitel werden wir untersuchen, wie der Reiter eine ausgeglichene Einstellung entwickelt, die sowohl das Freizeit- als auch das Turnierreiten verschönert und verbessert, und wir werden einige Anregungen geben, wie er das Gleichgewicht erhalten kann.

Pferdepflege zur Erhaltung des Gleichgewichts
Die Pferdepflege ist ein wesentlicher Bestandteil der Pferd-Reiter-Partnerschaft. Das Putzen wird zu einer liebevollen und fürsorglichen Berührung zwischen Reiter und Pferd und steigert die Intimität und das Vertrauen, die auf jeder Ebene so notwendig sind. Pferd und Reiter können so eine Brücke zwischen ihren Welten aufbauen. Deshalb ist die Pflege ein Teil der Pferd-Reiter-Verbindung, der eine ausgeglichene Perspektive ermöglicht, vorausgesetzt, der Reiter sieht sie in diesem Licht und nicht als unangenehme Arbeit.

Reitanfänger und Pferdepflege
Das Putzen gewöhnt Pferd und Reiter aneinander und gibt beiden die Möglichkeit, den anderen kennenzulernen. Ein Neuling in diesem Sport mag anfänglich von der Nähe zu seinem Pferd eingeschüchtert sein. Verbringt er einige Zeit mit der Pflege des Pferdes, wird er mit der Größe und der Gestalt des Pferdes vertraut, und ebenso mit dessen einzigartigem Temperament und Persönlichkeit. Während der Reiter das Pferd bürstet, hat es seinerseits die Gelegenheit, den Reiter zu beschnuppern und sich so durch Geruch und Berührung mit ihm vertraut zu machen. Das Pflegen bzw. Putzen wird dann zu einem ersten Schritt, eine Bekanntschaft zu machen, die sich später zu einer Partnerschaft entwickelt. Die Tatsache, wieviel Zeit für das Putzen verwendet wurde, beeinflußt auch den bevorstehenden Ritt. Ein hastiges Putzen mit wenig Sorgfalt und Kontakt zum Pferd kann einen unbe-

friedigenden Ritt bewirken. Der Grund ist einleuchtend: Je mehr man gibt, um so mehr bekommt man auch zurück. Folglich bewirkt gründliches und sorgfältiges Putzen ein entspanntes Pferd und einen entspannten Reiter, bereit dazu, harmonisch miteinander zu arbeiten. Umfassend gesehen wird sich diese ruhige Methode positiv auf die Zukunft auswirken: angenehme Ritte und erfreuliche Erfahrungen sind der Auftakt zu einer stärkeren Bindung an den Reitsport.

Fortgeschrittene Reiter und Pferdepflege

Auch fortgeschrittene Reiter sollten ihr Pferd selbst sorgfältig putzen, obwohl sie das nicht immer tun. Sie haben oft schon eine Pferd-Reiter-Partnerschaft entwickelt, meistens sogar eine vielschichtige. Während des Trainings erlebt diese Partnerschaft sowohl frustrierende als auch harmonische Momente. Abhängig von den Zielen, die sie sich gesetzt haben, verbringen sie manchmal mehr Zeit mit der Arbeit, als miteinander zu spielen. Auf dieser Ebene nimmt die Pflege dann eine zusätzliche Dimension an: Sie steigert beiderseitiges Vertrauen und Intimität. Die zusätzliche Zeit und die Fürsorge, die der Reiter investiert, kommt der Partnerschaft als Ganzes zugute. Die Zeit, die der Reiter mit der Pferdepflege verbringt, erneuert somit die Zuneigung und das Vertrauen. Sie ist von solcher Harmonie, daß eine wunderbare Verbindung entsteht.

Satteln und Trensen

Nach dem Putzen ist das Satteln und Trensen ein weiterer Abschnitt der mentalen und körperlichen Vorbereitung für den bevorstehenden Ritt. Jeder sollte das selbst machen oder zumindest hinterher sorgfältig überprüfen, um sicher zu sein, daß alles in Ordnung ist. Das Wissen, daß Pferd und Ausrüstung (Sattel, Trense, usw.) sauber und in gutem Zustand sind, macht es dem Reiter leichter. Zudem wird das Vertrauen des Pferdes in den Reiter verstärkt, wenn es sorgfältig und aufmerksam gesattelt und getrenst wird.

Ausgeglichenes Reiten

Abreiten

Während dieser einleitenden Phase haben Pferd und Reiter die Möglichkeit, sich geistig und körperlich vorzubereiten, als Individuen und als Partner. Nimmt der Reiter sich genügend Zeit für das Abreiten, kann die Pferd-Reiter-Partnerschaft die bevorstehende Aufgabe mit gelösten und geschmeidigen Körpern und klarem Verstand angehen. Wenn er andererseits zu hastig abreitet, erweist sich das als wenig nützlich oder bewirkt sogar das Gegenteil. Deshalb sollte er immer daran denken, daß Lernen und Steigerung der Leistungen die Resultate eines sorgfältig entwickelten Verfahrens sind, und daß das richtige Abreiten ein wesentlicher Teil eines guten Rittes ist.

Das Reitprogramm

Die meisten Reiter planen ihr Programm vor jedem Ritt; abhängig von den Interessen und Zielen des Einzelnen, entwickeln sie eine Routine. Um eine ausgeglichene Methode zu erhalten, ist es unerläßlich, durchstrukturierte Reitstunden, Möglichkeiten zum Üben und auch Zeit, um zu entspannen und mit dem Pferd zu spielen, vorzuplanen. Reitanfänger brauchen ein strukturiertes Umfeld, um die Grundlagen zu erlernen und die benötigte Reiterfahrung zu bekommen. Obwohl fortgeschrittene Reiter andere Bedürfnisse haben, können diese im Grunde in ähnlicher Form befriedigt werden. Da sie einen Großteil ihrer Zeit mit Korrekturen und Verfeinerung schwieriger Techniken verbringen, ist gerade für sie die Entspannung und das Spiel mit dem Pferd in einer streßfreien Umgebung von sehr großem Nutzen. Dadurch entsteht eine vollendete Partnerschaft anstatt nur ein Arbeitsverhältnis.

Das bringt uns zu einem wichtigen Punkt: Reiten soll Spaß machen, ein gemeinsames Erlebnis sein. Reitern aller Altersklassen und jedem Ausbildungsstand tut es gut, auszureiten, sich auf ihrem Pferd zu entspannen und einfach aus Spaß an der Sache zu reiten. Geländeritte bringen dem Reiter weit mehr als nur das Entwickeln technischer Fertigkeiten. Sie sind eine befreiende, heilende Übung, die die aufgeriebenen Nerven eines Geschäftsmannes beruhigen, dem ängstlichen Reiter Selbstvertrauen und dem Leistungssportler eine Grundlage für seine Perspektiven geben. Im Rhythmus mit den Klängen der Natur zu reiten ist ungeheuer beruhigend für Reiter und Pferd und vermittelt immer wieder eine neue und positive Einstellung.

Aufgabe 34

Beachte, falls möglich, die folgenden Punkte, wenn Du Deinen nächsten Ausritt planst.

- *Begrüße die aufsteigende Morgendämmerung, lausche den Klängen des Waldes und der Natur, wenn sie erwacht.*
- *Packe einen Picknickkorb und unternehme einen Tagesritt mit ein oder zwei Deiner besten Freunde.*
- *Mache einen Ritt in der Abenddämmerung. Lausche der stiller werdenden Natur, wenn die Sonne langsam hinter den Bäumen versinkt und die Nacht hereinbricht.*
- *Bist Du jemals im silbrigen Schein des Mondes ausgeritten?*

Beachte, was Du während und direkt nach einem solchen Ritt über Deinen Sport gedacht hast.

An dieser Stelle wollen wir beschreiben, wie wir die Natur mit unseren Pferden erleben:

In unserem Teil Kanadas haben wir vier ganz verschiedene Jahreszeiten. Wir sind überzeugt davon, daß Pferd und Reiter gleichermaßen den Wandel und die Wohltat jeder einzelnen genießen. Der Anblick, die Klänge und die Düfte der Natur ändern sich unaufhörlich und stimulieren unsere Sinne und die unserer Pferde. Jeder genießt die Wärme der Sommersonne, die belebende Frische des Herbstes, das Spielen im Schnee und den frischen Duft des Frühlingsgrases. Jede Jahreszeit hat ihre jeweiligen Vorzüge. Im Winter, wenn der Schnee liegt, tut es gut, mal auszureiten, den frischen Duft der Bäume einzuatmen und dem Geräusch des Schnees unter den Pferdehufen zu lauschen. Wir können uns entweder über das Wetter beklagen oder aber den Schnee dazu nutzen, die Beine unserer Pferde zu stärken. Ein Pferd liebt es, durch tiefen Schnee zu laufen; das dient zum einen der Entwicklung seiner Muskeln und ist zum anderen ein wunderbares Erlebnis. Wenn wir mit unserem Pferd spielen, kümmern wir uns um seine Bedürfnisse genauso wie um unsere eigenen. Wenn wir daran denken, Spiel und Spaß in unser Reiten einzubringen, werden wir und unsere Pferde auch die Reitstunden genießen, trotz der Herausforderungen, die sie bieten.

Das Leben beeinflußt das Reiten

Manchmal ist es schwierig, positiv ans Reiten heranzugehen. Persönliche Gefühle können die Art, wie wir an unseren Sport, unser Pferd und an unsere eigenen Fähigkeiten herantreten, beeinflussen. Jeder hat wahrscheinlich schon einmal bemerkt, daß er sich an manchen Tagen mit einer positiveren Einstellung ans Reiten begibt als an anderen. Das hat möglicherweise mit anderen Faktoren in seinem Leben zu tun. Wenn ein Reiter z. B. einen harten Tag im Büro oder einen

Streit mit einem guten Freund hatte, bringt er diese belastenden Gefühle mit, wenn er reiten geht. Das Pferd ist ein sehr sensibles Wesen und sich der Stimmung seines Reiters bewußt. Es scheint diese dann in seinen Leistungen wiederzuspiegeln. Wenn er andererseits einen wunderschönen Tag mit seinen besten Freunden erlebt hat, ist er voller Energie und bereit für einen wunderbaren, angenehmen Ritt. Dann ist sich das Pferd des positiven Gemütszustands seines Reiters bewußt und tut alles, um mit ihm zu kooperieren. Im wesentlichen können die Emotionen, die der Reiter mit sich bringt, die Qualität des Reitens beeinflussen. Wie wir uns fühlen, beeinflußt wie wir reiten und auch wie wir unser Reiten empfinden.

Zum Glück können Pferde, Reiten und auch die Natur uns im allgemeinen wieder in einen Zustand völliger Ausgeglichenheit zurückversetzen, egal welche Emotionen wir aus dem persönlichen oder aus dem Berufsleben mit uns bringen. Jeder hat mal einen schweren Tag. Dann haben wir zwei Möglichkeiten: Entweder wir vertiefen uns während einer Reitstunde in die Arbeit, oder wir reiten aus ins Gelände, um uns zu entspannen. Egal welche Möglichkeit wie wählen, wichtig ist nur, daß sie eine positive Wirkung auf uns hat.

Der ruhige Ausklang
Das ausgeglichene Herangehen ans Reiten geht auch dann noch weiter, wenn der Ritt sich dem Ende zuneigt. Pferd und Reiter bewegten sich während des Putzens, des Sattelns und während des Reitens allmählich aufeinander zu, und genauso müssen sie sich am Ende des Rittes wieder allmählich voneinander lösen. Während der ganzen Abfolge der Ereignisse muß die Wesensart von Pferd und Reiter berücksichtigt werden. Wir haben den Kreislauf des Reitens begonnen, indem wir durch das Putzen ein Verhältnis zu unserem Pferd hergestellt haben, und nachdem wir einen schönen Ritt erleben durften, müssen wir uns darauf vorbereiten, wieder unsere eigenen Wege zu gehen, indem wir einen ruhigen Abschluß setzen. Sich voneinander zu verabschieden bedeutet, das Pferd in Ruhe abzusatteln, alles zu tun, was das Pferd braucht, um sich wohl zu fühlen, das Pferd zu klopfen und mit ihm zu spielen. Das ist ausschlaggebend für den nächsten Ritt, etwas worauf sich Pferd und Reiter freuen können.

Meditation zur Wiederherstellung der Ausgeglichenheit
Ein ruhiger Abschluß geht auch dann weiter, wenn der Reiter den Stall verlassen hat. Nachdem er nach Hause gekommen ist, möchte er vielleicht noch einen Schritt weitergehen und sich mit der folgenden Meditation über Kindheitserinnerungen entspannen.
Das Licht sollte gedämpft und das Telefon ausgeschaltet werden, damit er nicht gestört wird. Unbequeme Kleidung sollte er lockern,

sich in einem Sessel entspannen oder sich bequem hinlegen. Nun soll jemand mit angenehmer Stimme die folgende Übung langsam und leise vorlesen. Gleichzeitig sollte ruhige Musik im Hintergrund abgespielt werden. Wer diese Übung des öfteren anwenden möchte, kann sie aufnehmen.

Atme tief ein, zähle beim Einatmen bis fünf und zähle beim Ausatmen bis fünf. Fühle, wie Du Dich mit jedem Atemzug entspannst. Du hast Zeit nur für Dich. Es gibt nichts, was Du sonst tun mußt. Schließe einfach Deine Augen und fühle, wie Dein Körper mit jedem Atemzug in einen Zustand der Entspannung versinkt. Du mußt nirgendwo hingehen und nichts tun. Genieße das Gefühl, wie jede Art von Anspannung verschwindet. Fühle, wie Deine Kiefer sich entspannen und Deine Schultern heruntersinken. Atme wieder tief ein und entspanne Dein Zwerchfell und Deinen Bauch. Fühle, wie Deine Beine sich entspannen und wie Deine Hände und Füße wärmer werden. Genieße das Gefühl Deines völlig entspannten und warmen Körpers.

Stell' Dir vor, wie Du an einem warmen Sommertag in einem Feld voller wilder Blumen stehst. Rieche ihren Duft, fühle die Wärme der Sonne auf Deinem Körper, schau Dich um und nimm die Schönheit der Natur in Dir auf. Als Du Deine Augen zum Horizont wandern läßt, siehst Du ein Kind, das auf Dich zuläuft. Sieh, wie anmutig und schön das Kind ist. Das Kind kommt Dir irgendwie vertraut vor. Als das Kind näherkommt, wird Dir klar, daß Du das selbst bist. Als Du Dich herunterbeugst und das Kind in Deine Arme nimmst, fühlst Du Dich in Deine Kindheit zurückversetzt. Du verschmilzt mit dem Kind und ihr werdet eins. Du, das Kind, läufst durch das Feld dorthin, wo Dein Pony im Schatten der Bäume steht. Dein Herz ist voller Freude. Dein Pony wiehert Dir leise entgegen, als Du Dich ihm näherst. Du springst auf den Rücken Deines Ponys und treibst es vorsichtig an. Du erlebst einen zauberhaften Ritt auf dem bloßen Pferderücken; sanft und leicht durch ein Blumenmeer hindurch. Die Blumen stehen so hoch, daß sie Dich an den Füßen kitzeln. Ihr beide erlebt einen dieser besonderen Tage, die Deine Kindheit so herrlich machen.

Als Du zum Schritt durchparierst, hörst Du, daß jemand Dich ruft. Du reitest dorthin. Als Du näher-

111

kommst, steigst Du ab und führst Dein Pony zu dieser Person. Du schaust auf und es scheint, als ob Du in die Zukunft schaust und Dich selbst als Erwachsenen siehst. Der Erwachsene hebt Dich hoch und Du genießt das Gefühl der starken Arme und eines liebevollen Herzens. Die Zukunft sieht gut aus. Koste diesen Moment aus und genieße Deinen starken und doch entspannten Körper. Genieße diesen Moment.

Wenn Du bereit bist, öffne langsam Deine Augen und gewöhne Dich wieder an den Raum, in dem Du Dich befindest. Das ist Dein besonderer Ort, an den Du jederzeit zurückkehren kannst, wenn Du Dich entspannen möchtest.

Aufrechterhalten des Gleichgewichts während des Turniers

Beim Reiten ist das Ganze immer besser als die Summe der Einzelteile. Während des ganzen Buches haben wir betont, wie wichtig die psychologischen, emotionalen, körperlichen und geistigen Aspekte sind. Einzeln gesehen ist jeder nur eine kleine Komponente. Aber wenn wir alle Aspekte miteinander verbinden, haben wir eine wesentlich größere Möglichkeit, eine Ausgeglichenheit mit unserem Sport und unserem individuellen Reiten zu erreichen.

Einteilen der Zeit

Der Reiter fragt sich vielleicht, warum eine gleichmäßige Einteilung der Zeit, die er mit dem Reiten verbringt, so wichtig ist. Der Grund dafür ist, daß viele von uns unter Zeitdruck arbeiten. Wer hat sich nicht schon zwischen dem Wunsch zu spielen und der Verpflichtung zu arbeiten hin und her gerissen gefühlt. Dieser Konflikt macht es schwierig, sich entspannt an seinen Sport zu begeben. Wer besser verstehen möchte, wie er alle Aspekte seiner Zeit einteilt, sollte sich mit uns die „Zeitdiagramme" aus Abbildung 6 anschauen. In Kreis A kann der Reiter eintragen, wieviel Zeit er wöchentlich mit Freunden, Familie, seinem Beruf, gesellschaftlichen Pflichten, persönlicher Entspannung, Trainieren seiner Sportart und zwei zusätzlichen Bereichen seines Lebens verbringt. Das ergibt insgesamt acht Abschnitte.

Kreis B ist dann die ideale Einteilung der Zeit, die darstellt, wie er seine Zeit tatsächlich einteilen möchte. Es ist interessant, mal die tatsächliche Einteilung der Zeit mit der gewünschten zu vergleichen.

Aufgabe 35

Erstelle für Dich selbst Zeitdiagramme wie in Abb. 6. Was hast Du über Deine Einteilung der Zeit gelernt? Möglicherweise bist Du mit Deinem Zeitmanagement völlig zufrieden. Falls nicht, ist dies eine Gelegenheit, Dein wöchentliches Programm neu zu bewerten und zu verändern.

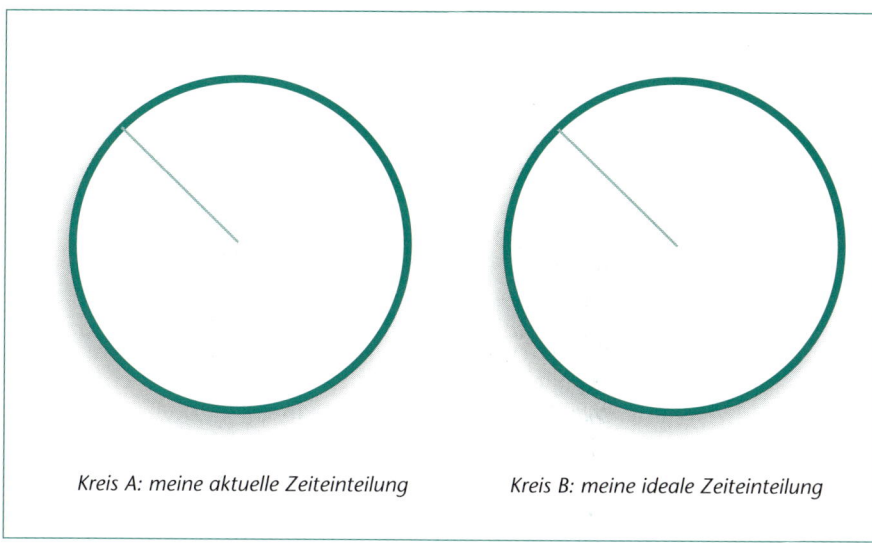

Kreis A: meine aktuelle Zeiteinteilung   *Kreis B: meine ideale Zeiteinteilung*

Abbildung 6: Zeitdiagramme

Konzentration auf die Partnerschaft

Wenn der Reiter die Einteilung seiner Zeit geplant hat, wird es einfacher, Prioritäten bezüglich des Reitens zu setzen und diese auch zu verwirklichen. Das hilft ihm wiederum auch, sich auf die Pferd-Reiter-Partnerschaft zu konzentrieren. Manchmal erlebt er noch eine andere Herausforderung. Bei dem Wunsch, Fortschritte zu erzielen, können ihm die angestrebten Ergebnisse wichtiger sein als die eigentliche Entwicklung. Das passiert insbesondere dann, wenn er sich auf ein Turnier vorbereitet. Dann konzentriert er sich darauf, eine Schleife oder Plazierung zu bekommen anstatt darauf, einen guten Ritt zu absolvieren. Unter diesen Umständen zeigt sich die Anspannung von Pferd und Reiter auf vielfältige Weise. Die Ohren des Pferdes sind z. B. nicht länger gespitzt, es schlägt aufgeregt mit dem Schweif hin und her, wirkt beunruhigt, der Reiter wirkt steif und verkrampft. Dann macht das Reiten keinen Spaß mehr und die Zielrichtung auf Partnerschaft zwischen Pferd und Reiter geht verloren.

Fallstudie

Vor kurzem hatte eine junge Frau Probleme mit ihrem Pferd, und mit jedem Ritt wurde sie immer frustrierter. Das Pferd, ihr Partner, wurde mit ihrer Ungeduld konfrontiert und verweigerte die Mitarbeit. Folglich ging es stetig weiter bergab mit den beiden. Schließlich fing sie vor Wut an zu weinen und brüllte: „Ich kann nicht mehr reiten".

Nach einem beruhigenden Gespräch gab die Reiterin zu, daß sie auf den Turnieren unbedingt gewinnen wollte und so vergessen hatte, daß ihr Pferd ihr Partner ist; sie sah es als Mittel zum Zweck. Das Pferd ar-

113

beitet nicht für eine Schleife, sondern für einen rücksichtsvollen und aufmerksamen Reiter. Die beiden spielen und arbeiten mittlerweile glücklich miteinander und steigern ihr Können als Team.

Offene Möglichkeiten

Manchmal verlieren die Reiter die (richtige) Perspektive vor oder während eines Turniers, aber das läßt sich auch wieder ändern. Turniere sind einzigartige „offene Möglichkeiten", eine positive Sicht zurückzuerlangen oder aufrechtzuerhalten. Jede Herausforderung ist gleichzeitig auch eine offene Möglichkeit.

Aufgabe 36

Es wäre äußerst lehrreich, während Deines nächsten Turnieres eine Liste aller offenen Möglichkeiten zu erstellen, die sich Dir bieten. Mit der nächsten Fallstudie wollen wir verdeutlichen, was damit gemeint ist.

Fallstudie

Wir erinnern uns an ein Mannschaftsqualifikationsturnier der Jungen Reiter und der nationalen Vielseitigkeitsreiter. Es fand im Juni statt, bei 32° C und einer Luftfeuchtigkeit von 90%. Wir bewegten uns alle wie in Zeitlupe. Einige der fortgeschritteneren Reiter longierten ihre Pferde am frühen Nachmittag, in der größten Hitze. Die Reiter hatten knallrote Gesichter, die Pferde waren naß und bewegten sich träge. Als Turnierteilnehmer und Zuschauer war uns klar, daß wir lieber etwas anderes ausprobieren wollten.

Die Pferde mußten einen Tag vor dieser wichtigen Prüfung auf jeden Fall trainiert werden. Aber die Hitze war unerträglich. Was konnten wir tun? Auf dem Gelände lag ein kleines Stück von uns entfernt ein einladender See. Wir sahen ihn uns an und wußten, was wir tun wollten. Wir fragten den Besitzer des Geländes um Erlaubnis und gingen dann alle mit unseren Pferden ganz gemütlich schwimmen. So hatten Pferde und Reiter gleichzeitig Spaß, konnten sich abkühlen und trainieren.

Das Ergebnis war äußerst erfreulich: Als die Plazierungen bekannt gegeben wurden, waren wir mit allen drei Pferden unter den ersten 5 bei den Jungen Reitern und wurden in die jeweiligen Mannschaften aufgenommen. Wir hatten unsere Sache gut gemacht und dabei viel Spaß gehabt. Weil wir in der Lage waren, uns wieder zu konzentrieren, konnten wir eine ausgeglichene Sichtweise aufrechterhalten. Wir waren in der Lage, uns anzupassen und konnten so positive Ergebnisse erzielen.

Die Herausforderung in diesem Beispiel war die Hitze. Die offene Möglichkeit, die sich anbot, war der See. Hätten wir den See nicht nutzen dürfen, hätten wir noch andere Möglichkeiten gehabt. In Kanada beginnt die Dämmerung ungefähr um 22.00 Uhr, und so wäre es noch hell genug gewesen, unsere Pferde abends zu trainieren, wenn die Hitze sich gelegt hatte. Wenn wir mit einer Herausforderung konfrontiert werden, sollten wir versuchen, viele geeignete Möglichkeiten ausfindig zu machen. Wir können uns nicht immer an einen festgelegten Plan halten, aber Anpassungsfähigkeit und Flexibilität helfen uns über die Schwierigkeiten hinweg. Eine Anpassung an die Realität und die Fähigkeit, richtig zu reagieren, verhelfen uns zu positiven Erfahrungen. Wir können unsere persönlichen Fähigkeiten in unser Reiten einbringen und unsere reiterlichen Fähigkeiten in unser Leben. Befähigung und Flexibilität verbessern jede sportliche Leistung. Wenn wir an Herausforderungen mit Selbstsicherheit herangehen, können wir die Möglichkeiten, die sich uns bieten, klarer erkennen. Wir können den Tag beruhigt angehen, wenn wir fest an uns glauben.

Während einige Menschen Selbstsicherheit als positive Eigenschaft sehen, bezeichnen andere das als Arroganz. Wenn wir uns durch solche Kritiken beeinflussen lassen oder die Zustimmung von jemandem suchen, der überhaupt kein Selbstvertrauen hat, lassen wir uns entmutigen. Wir müssen uns selbst eindeutig definieren und dürfen diese Definition nicht verfälschen lassen. Wenn wir zulassen, daß andere uns definieren, laufen wir Gefahr, unsere wahre Identität zu verlieren. Wir müssen positiv denken und stolz auf unsere Leistungen sein, um zu gewinnen. Wenn wir uns sicher sind und tief in unserem Innern wissen, daß wir gut sind, dann wird es ganz leicht, zu einem Turnier zu gehen und unsere Sache gut zu machen. Selbstsicher und stolz auf seine Leistungen zu sein bedeutet nicht, daß wir andere verunglimpfen (beleidigen), sondern nur, daß wir uns über unsere eigenen Fähigkeiten freuen.

Der Siegerkreis

Jeder Reiter, der auf ein Turnier geht, möchte gerne gewinnen. In jeder Prüfung gibt es aber nur einen Gewinner. Diejenigen, die beständig gewinnen, ziehen sich vielleicht die Mißgunst der anderen Teilnehmer zu. Ein Reiter mag überrascht sein, wenn er herausfindet, daß andere seinen Sieg gar nicht so toll finden. Ein Sieg kann auch gemischte Gefühle beim Reiter hervorrufen, weil einige der anderen Teilnehmer Freunde sind. Viele Sportler finden es schwierig, wirklich zu kämpfen, wenn sie gegen Freunde antreten. Tatsächlich sagen einige Sportpsychologen, daß ein Sportler besser ist, wenn er gegen Fremde anstatt gegen Freunde antritt. Dann stellt sich dem Reiter nicht die

Frage, wie er seine Freundschaften aufrecht erhält und trotzdem auf dem Turnier sein Bestes gibt. Für dieses Dilemma gibt es mehrere mögliche Lösungen. Zuerst möchte er sich vielleicht mit einigen seiner besten Turnierfreunde treffen und mit ihnen über Turnierbelange sprechen. Dann können alle durch ein offenes und ehrliches Gespräch eine gute Atmosphäre schaffen.

- *Zusätzliche Lösungsmöglichkeiten, die Turnierteilnehmer in der Vergangenheit angewandt haben, beinhalten:*
- *Vereinbarung für die Dauer des Turniers, eine professionelle Haltung unter Turnierfreunden zu wahren.*
- *Vereinbarung, daß guter Sportsgeist oberstes Gebot ist.*
- *Vereinbarung, sich lieber erst nach als während des Turniers privat zu treffen.*

Wer diese Vorschläge befolgt, kann sich unbesorgt in den Wettkampf begeben.

Aufgabe 37

Denke über Deine Turniererfahrungen in der Vergangenheit nach und liste dann die Situationen auf, in denen Deine Leistungen Deiner Meinung nach durch äußere Einflüsse gelitten haben. Denke danach über die einzelnen Situationen nach und überlege Dir positive Alternativen, die Deine Leistungen auf zukünftigen Turnieren verbessern können.

Die Bedeutung eines ausgeglichenen Helferteams

Auch wenn Turniere Anlässe sind, bei denen es vernünftiger wäre, ein wenig Abstand zu seinen Turnierfreunden zu bewahren, brauchen wir uns doch nicht einsam zu fühlen. Turniere sind die perfekte Gelegenheit, zu erkennen, ob wir die richtige Teamarbeit aufgebaut haben.
Unser Helferteam setzt sich aus vielen Personen zusammen: unser Tierarzt, Hufschmied, Familienmitglieder, Trainer, Pferdepfleger, Freunde und vielleicht ein Sponsor. Das Vertrauen dieser Menschen in uns bestätigt unser eigenes Selbstvertrauen. Familienmitglieder helfen uns unbeirrt durch gute und schlechte Zeiten: Sie fahren jedes Wochenende das Pferd zum Turnier, bringen uns auf dem Turnier unser Essen und ermutigen uns. Auch die Trainer helfen uns jederzeit. Sie haben die Aufgabe, uns während der ganzen Turniersaison sowohl emotional als auch fachlich zu unterstützen. Ein Sponsor ist für diejenigen, die glücklicherweise einen haben, eine zusätzliche Quelle finanziellen und emotionalen Rückhalts. Als letztes – aber sicherlich nicht zuletzt - müssen die Pferdepfleger erwähnt werden. Ihre Aufgabe ist es, für das Pferd zu sorgen und jederzeit für die

Bedürfnisse des Reiters zur Verfügung zu stehen; ein guter Pferdepfleger ist ein unverzichtbares Mitglied des Helferteams.

Mit einem guten Helferteam im Rücken sind wir für die Turniersaison besser vorbereitet. Während der Unbilden eines Turniers kann es passieren, daß wir uns so sehr in unsere Aufgabe vertiefen, daß wir dabei vergessen, unsere Helfer angemessen zu behandeln. Einfach „Danke" zu sagen, wann immer es angebracht ist, wird sich für die Zukunft auszahlen.

Geben und Nehmen

Wenn wir nicht selbst an Turnieren teilnehmen, ist eine Sache, die wir für unseren Sport tun können, unsere Dienste bei Turnierveranstaltern, örtlichen Ponyclubs oder auch Reitanfängern anzubieten. In unserem Sport gibt es schon immer die Tradition des Gebens. Viele haben uns etwas gegeben, haben uns unterstützt, und so sollten wir auch andere unterstützen. Wer nimmt, muß auch geben, ansonsten geht er letzten Endes leer aus. Unserem Sport etwas zurückzugeben, zu helfen und zu unterstützen, ist auch ein Weg, das Gleichgewicht zu bewahren.

Zusammenfassung

In diesem Kapitel haben wir Reiten als etwas betrachtet, daß mehr ist als nur der tatsächliche Ritt. Einige Komponenten einer ausgeglichenen Annäherung sind: die Beziehung zwischen Reiter und Pferd, die richtige Mischung aus Reitstunden und Ausritten im Gelände, Entwickeln und Aufrechterhalten von Reiterfreundschaften, die Tradition des Gebens und Nehmens und das Ambiente des Sports. Ein Aufrechterhalten des Gleichgewichts zwischen allen Bereichen der reiterlichen Erfahrung bewirkt, daß wir Freude am Reiten haben und großartige Leistungen erbringen können.

1. *Der Reiter muß alle Aspekte seines Sports in ein Gleichgewicht bringen, um wirkliche Freude am Reiten zu erreichen.*

2. *Putzen ist unerläßlich für das körperliche Wohl des Pferdes und für den Aufbau einer vertrauensvollen Beziehung zwischen Reiter und Pferd.*

3. *Abreiten macht nicht nur die Muskeln des Reiters und des Pferdes geschmeidig, sondern bietet ebenfalls die Möglichkeit, ihre Partnerschaft neu zu begründen und zu festigen.*

4. *Geländeritte bieten dem Reiter Zeit, körperlich und geistig auszuspannen.*

5. *Turniere sind Möglichkeiten, die eigenen Fortschritte zu bewerten.*

6. *Die Arbeit des Helferteams ist sehr wichtig für ein ausgeglichenes Herangehen an die Turnieraufgaben.*

118

Der Weg zum Glaubenssprung

Weit weg, dort im Sonnenschein,
liegen meine größten Sehnsüchte.
Vielleicht werde ich sie nie erreichen,
aber ich kann ihre Schönheit bewundern,
an sie glauben und folgen, wohin sie mich führen.

Louisa May Alcott

Im Verlauf dieses Buches haben wir Vorschläge gemacht, wie der Reiter sein Reiten verbessern kann, sowohl seine Leistungen als auch die Freude am Reiten. Nach der Klärung der Fachausdrücke in Kapitel 1, haben wir in Kapitel 2 die Anwendung und den Nutzen der Metaphorik näher ausgeführt. Die Philosophie der Metaphorik ist einfach: Es ist leichter, einen Traum zu verwirklichen, wenn wir ihn vor unserem geistigen Auge sehen können. In unserer Kindheit wurden wir vielleicht von Dingen wie Tagträumereien abgehalten, aber dann kommt die Zeit, diese eingerosteten Fähigkeiten wieder aufzupolieren und sie auf positive und konstruktive Weise zu nutzen. Das ist im wesentlichen die Fähigkeit, auf die wir uns in diesem Buch als Vorstellung bezogen haben.

Es erfordert viel Engagement des Reiters, diese geistigen Vorstellungen in Fähigkeiten umzuwandeln. Wenn er eine klare, herausfordernde, aber doch realistische Vorstellung davon entwickelt hat, wo er hingelangen möchte, dann ist er in der Lage, diese Vorstellung über eine Reihe von herausfordernden, aber erreichbaren Zielen anzustreben und zu erreichen. Zur Planung dieses Weges von Ziel zu Ziel braucht er die Unterstützung seines Trainers und seines Helferteams. Mit ihrer Hilfe kann ein Reiter seine Langzeit-, mittelfristigen und Kurzzeitziele definieren und niederschreiben. Wenn er beginnt, auf diese Ziele hinzuarbeiten, besteht das wichtigste Ziel darin, den geplanten Weg einzuhalten.

Seine Vorstellung und die gesetzten Ziele sind die Grundsteine für seine reiterliche Karriere. Dann muß er bestimmte Fertigkeiten erlernen, um diese Grundsteine zu festigen. Die Erläuterungen der notwendigen Konzentrationsfähigkeiten in Kapitel 4 brachten den Reiter seinen Zielen einen Schritt näher. Darin haben wir besprochen, wie er seine Konzentrationsmethoden verbessern kann, indem er lernt, mit Ablenkungen umzugehen. Diese wurden aktiv eingeplant, indem sie bewußt in das tägliche und wöchentliche Training integriert wurden. Ein weiteres Werkzeug aus dieser speziellen „Werkzeugkiste" war der Gebrauch des positiven Selbstgesprächs. Jeder erlebt einen inneren Monolog: Das kann die Stimme sein, die sagt „gut gemacht" oder auch ein entscheidendes irritierendes Geräusch, das den Reiter von der Arbeit ablenkt. Wenn er sich darüber bewußt wird, kann er lernen, dies zu seinen Gunsten zu nutzen.

Wenn der Reiter lernt, sich richtig zu konzentrieren, wird er geübter in der vorgeschriebenen Anwendung von Aktivierungs- und/oder Entspannungsübungen. Im Kapitel 5 haben wir erklärt, wie der Reiter Körper und Geist entspannen kann und dann den Geist wieder wach und aufnahmebereit macht. Zur Entspannung des Körpers schlugen wir den Gebrauch der progressiven Muskelentspannung, Augenübungen und tiefes Atmen vor. Zur Entspannung des Geistes regten wir zum Gebrauch der geführten Meditation an – durch Vorstellung, passende Musik, ruhige Umgebung und gedämpftes Licht. Diese Methoden sind nützlich vor streßgeladenen Trainings- oder Turniererfahrungen. Zu anderen Zeiten ist der Reiter vielleicht schläfrig und hat Probleme, genügend mentale Energie zu finden, um mit einer Herausforderung fertig zu werden. Dann schlugen wir die Anwendung von Aktivierungsübungen wie auslösende Schlagworte, aktive geführte Meditation, energiegeladene Musik und körperliche Stimulation vor.

Beim Erlernen solcher Fertigkeiten erlebt der Reiter vielleicht unangenehme und beunruhigende Momente. Aber durch ständiges Wiederholen kann er den Übungen leichter folgen. Nachdem diese Fertigkeiten ein Teil seines Könnens geworden sind, kann der Reiter sie seinem persönlichen Stil anpassen. Dann hat er den Lernzyklus aus Kapitel 6 abgeschlossen.

Hat der Reiter sich durch die schwierigen Lernprozesse durchgearbeitet, hat er alle Komponenten des Turnierprogramms aus Kapitel 7 zusammen. Nun kann er ein Schema erkennen, in dem jede Fertigkeit seine feste Zeit, seinen festen Platz und seine feste Anwendung hat. Auf der höchsten Ebene von körperlichem und geistigem Training wird der Sportler eins mit seinem Können. Aber während seines Strebens nach Können auf höchster Ebene, kann der Reiter manchmal den Durchblick verlieren, warum er eigentlich reitet. Deshalb bot Kapitel 8 eine Reitphilosophie an und gab einige Anregungen, wie der Reiter die Liebe zum Pferd und zum Reiten wieder erneuern oder aufrecht erhalten kann. Wenn er eine ausgeglichene Perspektive mit körperlichen und geistigen Fähigkeiten kombiniert, dann kann er den Glaubenssprung antreten und neue Herausforderungen furchtlos meistern.

Der Glaubenssprung (Sprung ins Vertrauen)

Der Glaubenssprung ist das, was der Reiter tun muß, um die Lücke zwischen einer bevorstehenden Herausforderung und deren Bewältigung zu schließen. Jedesmal, wenn der Reiter mit einer Prüfung konfrontiert wird, ist seine erste Reaktion womöglich: „Kann ich das schaffen?" Jede Situation kann entweder als eine Schranke oder aber als überwindbares Hindernis betrachtet werden. Auf dieser Grundlage kann der Reiter wählen, ob er weiterkommen will oder es beim gegenwärtigen Stand belassen möchte. Wenn er weitergehen möchte, beginnt er, die verfügbaren Möglichkeiten zu untersuchen. An dieser Stelle ist es äußerst ermutigend, wenn der gewählte Weg von anderen

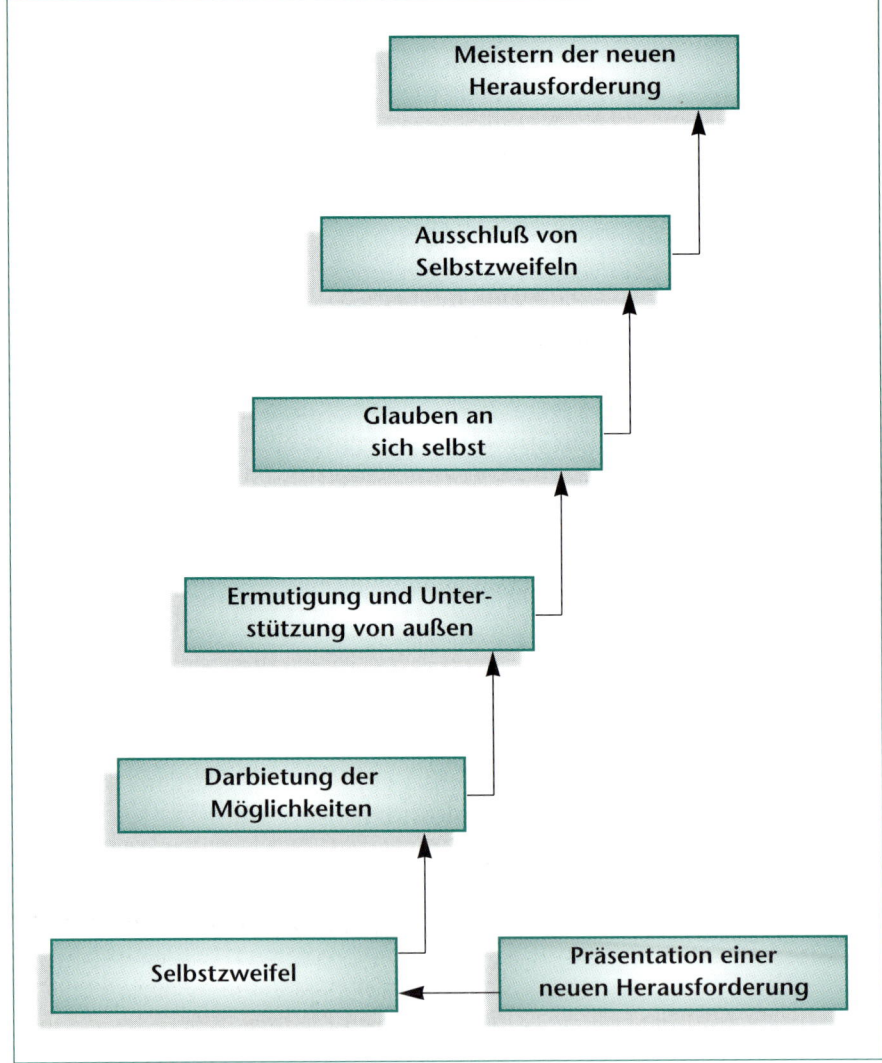

Abbildung 7: Die Schritte zum Glaubenssprung

befürwortet wird. Im wesentlichen bedeutet das, es ist leichter an sich selbst zu glauben, wenn andere an einen glauben. Wenn der Reiter sich sicher fühlt, kann er jegliche Selbstzweifel abstreifen und den Glaubenssprung wagen.

Ein Reiter kann den weltbesten Trainer, das begabteste und durchtrainierteste Pferd und eine Fülle von technischen und psychologischen Fertigkeiten haben und trotzdem seine Ziele nicht erreichen. Was hindert einen solchen Menschen? Einige Antworten könnten sein: die Angst vor dem Erfolg, die Angst vor dem Versagen oder die Angst, Risiken einzugehen. Das sind natürliche Gefühle, die wir bei den meisten begeisterten Sportlern – einschließlich der Reiter – finden. Diejenigen, die ihre Ziele erreicht haben, haben einen Weg gefunden, diese persönlichen Gefühle zu überwinden und den Glaubenssprung zu wagen. Dadurch haben sich diese Menschen von ihren eigenen Grenzen befreit und sind eins mit ihrem Sport geworden. Deshalb möchten wir abschließend behaupten, daß die Gedanken und das Vertrauen eines Menschen ihn entweder behindern oder befreien können. Wir vertrauen darauf, daß jeder die Wahl trifft, die für ihn am besten ist.

Ein Wort zum Schluß

Wir glauben an die Bedeutung der Partnerschaft zwischen Pferd und Reiter. Die Entwicklung des Doppelpartnerteams ist gleichbedeutend mit Freude, Fortschritt und letzten Endes mit Leistung.

In den letzten 23 Jahren haben wir zahlreiche Reiter und Pferde in der Dressur, im Springen und im Geländereiten ausgebildet. Unabhängig vom Alter oder von den Fähigkeiten der Reiter waren solche Partnerschaften sehr erfolgreich, bei denen die Reitpferde den Hannoveraner Brand trugen.

Die Hannoveraner bewegen sich mit großer Eleganz, sie springen mit gewaltiger Gewandheit und zeigen im Gelände sehr viel Herz und Mut. Eine ihrer wichtigsten Qualitäten, so stellten wir fest, ist es, aufgrund ihrer Veranlagung und ihres Charakters äußerst arbeitswillig und leistungsbereit sowie ihren Reitern ein wirklicher Partner zu sein. Sie scheinen regelrecht aufzublühen, wenn das Verständnis zwischen Pferd und Reiter spürbar wird. Sowohl ihre Intelligenz als auch ihre Bereitwilligkeit zu lernen und dem Menschen zu gefallen, erlauben ihren Reitern und Ausbildern während der gesamten Ausbildungsphase einen ständigen und spürbaren Fortschritt.

Der Reiter, der die grundsätzliche positive Denkweise dieses Buches zugrundelegt, das Wesen der Pferde zu verstehen lernt und ihr Vertrauen gewinnt, wird in die Lage versetzt, eine Partnerschaft zu erreichen, die letztlich immer erfolgreich und erfreulich sein wird. Er wird so mit großem positiven Elan sowohl in den Freizeit- als auch in den Leistungssport hineinwachsen.

Beverley und
Robert Schinke

Stichwortverzeichnis

Kauf und Verkauf · Beurteilung · Gesundheit · Recht

Antje Rahn
Eberhard Fellmer

Pferdekauf heute
Zwei kompetente Fachautoren vermitteln umfassende Kenntnisse aus den Bereichen Veterinärmedizin und Juristerei und bieten somit dem potentiellen Pferdekäufer praktische Lebenshilfe und vielen Tierärzten und Juristen wertvolle Fachhinweise.

1. Auflage 1996, 208 Seiten, zahlreichen Abbildungen, Format 170 x 245 mm, gb.

ISBN 3-88542-289-1

EDITION_pferd_

Hölzel, Dr. Petra u. Dr. Wolfgang

Fahren lernen leicht gemacht mit mentalem Training
Mentales Training macht schon das Lernen zu einem erfolgreichen Erlebnis und ermöglicht es Schülern und Lehrern, ohne ständige Wiederholungen und Mißerfolge dauerhafte Lernergebnisse zu erreichen.

1. Auflage 1997, 152 Seiten mit zahlreichen Fotos und Zeichnungen von Renate Blank, Format 170 x 245 mm, gb.

ISBN 3-88542-290-5

Grundlagen · Methodik · Ausrüstung · Wettbewerb

Erhältlich in allen Buchhandlungen und Reitsportfachgeschäften!

Wilfried Gehrmann

Doppellonge
Die Arbeit mit der Doppellonge dient zur Ausbildung, Korrektur und Leistungsverbesserung von Pferden jeden Alters und Leistungsstandes. Dieses Buch ist somit für alle Ausbilder sowie Dressur-, Springreiter und Fahrer ein unentbehrliches Nachschlagewerk.

1. Auflage 1998, 136 Seiten mit zahlreichen Fotos und Zeichnungen Format 170 x 245 mm, gb.

ISBN 3-88542-327-8

Wilfried Gehrmann

Doppellonge (Video)
Ein Lehrfilm zur Ausbildung an der Doppellonge von Dressur-, Spring- und Fahrpferd mit Wilfried Gehrmann, dem Leiter der Landesreit- und Fahrschule Rheinland in Wülfrath

Ein unverzichtbarer Lehrfilm für jeden, der sein Pferd mit Hilfe der Doppellonge fördern will.

50 Min., VHS-System

Bestell-Nr. 8306

Erhältlich in allen Buchhandlungen und Reitsportfachgeschäften!

128